c.

MÉTHODE
DE CHANT

POUR

LES ENFANTS,

A L'USAGE DES ÉCOLES ET DES PENSIONS.

Par Joseph Mainzer.

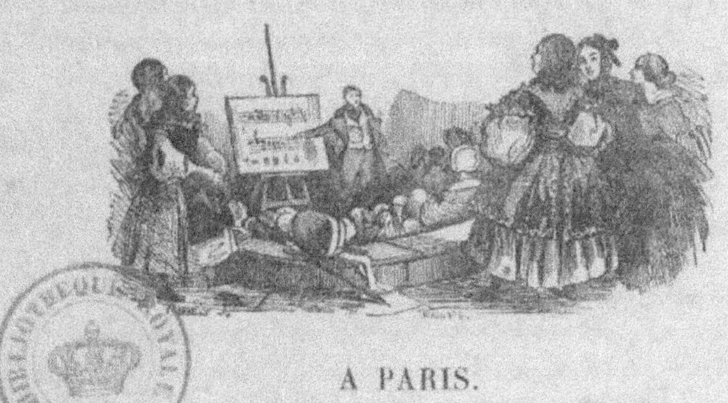

A PARIS.

CHEZ L. MATHIEU,

PASSAGE VIOLET, N.º 7 ET 9, FAUBOURG POISSONNIÈRE.

CHEZ M. MAURICE SCHLESINGER, ÉDITEUR DE MUSIQUE,

97, RUE DE RICHELIEU,

ET DANS LES MAGASINS DE LA SOCIÉTÉ POUR LA PUBLICATION DE MUSIQUE
CLASSIQUE ET MODERNE,
19, BOULEVART DES ITALIENS.

———

1836.

On commence à donner au chant la place qu'il doit occuper dans l'éducation; rangé parmi les autres branches de
l'instruction élémentaire, il ne tardera pas à faire sentir son
heureuse influence sur toutes les classes de la société.

En écrivant cette méthode, j'ai eu principalement en vue
les écoles élémentaires, j'ai voulu être essentiellement *pratique*; je n'ai donné de la théorie que le peu qui m'a paru indispensable, et ce peu suffit pour servir de grammaire musicale.
J'ai surtout écarté toutes les expressions étrangères à la langue
française.

De même ai-je évité de parler de plusieurs paragraphes
théoriques, tels que *les différentes gammes*, *les tons*, *les modes
majeurs et mineurs*; je n'ai pas voulu fatiguer les enfants de
théories que l'explication la plus claire ne leur ferait pas
comprendre; d'ailleurs ma méthode est suffisante pour les
conduire depuis la connaissance des notes jusqu'à la lecture
de morceaux de musique déjà difficiles.

Il y a une grande différence entre une éducation générale

de la musique et une éducation purement musicale. J'ai eu
pour but de faire des musiciens et non des artistes. Quant à
ces derniers, je m'en occuperai dans un ouvrage spéciale-
ment destiné *aux Écoles de musique, aux Conservatoires.*

J'ai cru devoir faire précéder ma méthode de quelques con-
sidérations générales sur le chant. J'ai déjà eu l'occasion de
les exposer dans une série d'articles publiés par la *Gazette
Musicale de Paris.* Je les reproduis, avec les développements
nécessaires, en tête de ce petit ouvrage; je les crois utiles
aux parents et aux maîtres, et propres à faire disparaître les
préjugés qui se sont opposés jusqu'à présent à l'introduction
du chant dans l'éducation.

Je livre donc ma méthode à l'appréciation du public, avec
d'autant plus de confiance que celle que j'ai publiée en Allemagne a été adoptée dans un grand nombre d'écoles par ordre du Gouvernement Prussien qui, par une ordonnance de
1831, a autorisé les maîtres des écoles primaires à se procurer
l'ouvrage *aux frais de leurs communes.*

JOSEPH MAINZER.

TABLE DES MATIÈRES.

—

CHANSONS À DEUX VOIX.

ERRATA.

Page 59, avant-dernière ligne ; la dernière note doit être une croche.

— 60, ligne 2, *fa* dièze doit être *fa* naturel.

— Ibid., ligne 3, note 1re *fa* avec dièze doit être *fa* sans dièze.

— Ibid., ligne 3, la dernière note *sol* doit être *la*.

Aux Enfants.

MES PETITS AMIS,

Je me propose de vous introduire dans les écoles des enfants en Allemagne, dans leurs familles, et de vous faire savoir comment ils apprennent la musique le matin, et comment elle devient un plaisir pour eux le soir et les jours de fête ou de repos.

Il y a en Allemagne des écoles de villes, des écoles de villages, et des pensions. Les enfants qui fréquentent les unes ou les autres de ces écoles, apprennent à chanter, tous sans exception, les garçons comme les filles : il y a en conséquence en Allemagne autant de petits chanteurs que d'enfants ; à côté de leur abécédaire ils portent constamment leur petite méthode de chant, leurs exercices et leur petit recueil de chansons à une ou à deux voix.

Arrivés à l'école le matin, nos petits Allemands prennent les places qui leur sont assignées, étalent autour d'eux leur abécédaire ou leur grammaire, leur géographie, leur tablette d'ardoise, leur écritoire, leur étui à plumes et à crayons, et ne manquent pas d'y joindre leur méthode de chant ou leur recueil de chansons. Ces petites dispositions faites, ils se lèvent tous au signal donné par le maître, ouvrent leur recueil, et cherchent la chanson intitulée : *Avant l'ouverture de la classe*. Cette chanson leur rappelle leurs devoirs envers Dieu, envers le maître qui veut bien se donner la peine de les instruire, et envers les parents qui les ont envoyés à la leçon et leur procurent ainsi les moyens d'apprendre mille choses utiles et amusantes à a fois. Ainsi disposés, tant par la beauté des vers que par la vérité des préceptes qu'ils renferment, et par le charme d'une mélodie simple, expressive, chantée par quarante, cinquante, souvent même cent voix différentes, jugez de quelle ardeur leur jeune cœur se pénètre! Cette multitude de voix, cette attention qu'ils mettent à prononcer tous à la fois, comme avec une seule bouche, les mêmes paroles, à chanter la même mélodie, à s'occuper de la même pensée : tout cela a un charme inexprimable, tout cela agit sur leur imagination et l'élève à un tel degré qu'il n'est pas rare de voir couler des larmes d'attendrissement des yeux des enfants comme de ceux du maître. Après ce moment d'édification, viennent, selon l'ordre établi, la lecture, l'écriture, le calcul, l'histoire du pays, la géographie, enfin tout ce qui peut instruire, tout ce qu'il peut être utile de savoir.

Le maître s'aperçoit-il que, par suite d'une application non interrompue, les forces paraissent s'affaiblir, et que l'impatience, si naturelle au jeune âge, commence à gagner ses petits élèves, alors il annonce la leçon de chant. Oh! que n'êtes-vous là pour entendre les cris de joie qui éclatent en ce moment! toute lassitude a disparu, et vous verriez tous nos petits chanteurs, la gaîté peinte sur le visage, s'empresser de prendre rang autour d'un tableau de bois : c'est le même tableau qui leur sert pour apprendre à compter ; au revers se trouvent des lignes rouges qui, de cinq en cinq, forment ce qu'on appelle dans la musique des *portées*. Les enfants, comme je vous l'ai dit, se placent en cercle, mais dans un tel ordre que les plus grands sont les plus éloignés, et laissent ainsi la vue libre aux plus petits. Le maître écrit ensuite avec de la craie dans les portées rouges, des signes de musique, les uns pour chanter, qu'on appelle des *notes*, les autres pour se taire, qu'on appelle des *silences*. Puis il leur explique les règles, et écrit pour l'application de ces règles des exercices de plus en plus difficiles Après avoir enseigné quelques règles et les avoir appliquées dans plusieurs exercices sans paroles, en désignant seulement les notes par leur nom : *ut, ré, mi, fa*, etc., le maître écrit des paroles au-dessous de ces notes, et au lieu de faire dire *ut, ré, mi*, ou *fa*, il fait prononcer les syllabes correspondantes aux notes. C'est ainsi que vers la moitié de la leçon, on a déjà appris une chanson nouvelle. A la fin de la séance, après avoir copié cette chanson sur leur petite tablette d'ardoise où se trouvent également des portées, ils prennent leurs cahiers, leur recueil de chansons, et chantent celles qu'ils ont apprises dans les leçons précédentes. Si, alors, vous passiez devant l'école, certes vous vous arrêteriez avec tous les passants pour entendre *le Papillon, la Bulle de savon, le Nid de la tourterelle, l'Enfant à la fontaine, le Berger, l'Homme de neige, la Nuit étoilée, les Adieux de l'hirondelle et son retour.*

Oh ! qu'ils sont heureux ces enfants ! qu'ils aiment à aller à l'école, et qu'ils sont attentifs à tout ce qu'on y dit ! Ils sont reconnaissants de tout ce plaisir qu'on leur procure ; ils chérissent leurs parents et leurs maîtres, et l'on apprend beaucoup, vous le savez, avec ceux qu'on chérit.

Enfin l'heure de la clôture de l'école est arrivée ; après avoir chanté dans leur recueil la chanson consacrée à la fin de la leçon, ils se retirent, et chemin faisant, on les entend de toutes parts essayer la mélodie qu'ils ont nouvellement apprise, puis ils courent chez leurs parents, s'asseyent sur les genoux du père, de la mère, ou de la grand'maman, atteignent leur ardoise, et se mettent à chanter mélodie et paroles d'après les notes qu'ils y ont tracées.

Si un jour devenus grands, mes jeunes amis, vous avez la possibilité de faire des voyages en Allemagne, alors vous parcourrez les villes et les villages, et partout vous entendrez chanter. Dans les églises, les enfants chantent avec leurs voix si pures et si pénétrantes, les grandes personnes chantent avec leurs voix graves, et l'orgue, au son majestueux, les accompagne de ses mille voix. Quel touchant spectacle de voir ainsi le peuple de chaque commune, paré de ses plus beaux habits, se réunir le dimanche et les jours de fête pour célébrer la gloire du Seigneur !

Le soir, les familles s'assemblent devant la porte de leurs maisons ; les enfants leur donnent de petits concerts et répètent leurs chants du *Papillon*, de la *Bulle de savon*, des *Adieux de l'hirondelle*, etc.

Et quand arrive la fête de la maman ou du papa ; celle du frère, de la sœur ou du maître, quelle joie ! comme ils cherchent, avec empressement, dans leur recueil, la chanson intitulée : *La Fête de Maman, la Fête de Papa !* car ils en ont pour toutes ces circonstances ; alors les frères, les sœurs, les petits amis se réunissent ; ils apprennent une ou deux nouvelles chansons ; la veille du grand jour, ils se placent autour d'un instrument, ayant des fleurs dans leurs cheveux et dans leurs mains, la gaité sur le visage, le bonheur dans les yeux, l'amour dans le cœur ; et leur hommage s'embellit, par leurs chants, de l'expression la plus douce et le plus attendrissante.

Mais, hélas ! mes jeunes amis, il y a bien des enfants, sur la terre, qui n'ont plus de parents, plus de père ni de mère ; des enfants qui les ont perdus bien jeunes, à un âge où les soins d'un père, l'amour d'une mère leur étaient si indispensables pour les garantir contre le froid et la chaleur, pour leur procurer de quoi satisfaire leurs besoins, lorsqu'ils avaient faim, lorsqu'ils avaient soif. Le jour de fête revient chaque année pour eux, mais ils ne voient revenir ni leur père ni leur mère ; ce jour, si heureux pour les autres enfants, est pour eux un jour de tristesse et de deuil, tandis que vous ornez vos cheveux avec des roses, ils tressent des couronnes d'immortelles, et les déposent sur la tombe des vrais amis qu'ils pleurent ; ils pressent de leurs lèvres brûlantes la pierre glacée qui les sépare à jamais de ceux qu'ils aimaient ; ils invoquent des noms chéris et s'écrient : Mon père, ma mère, pourquoi m'avez-vous quitté ? Mais la tombe n'a pas de voix, la tombe reste muette : ils humectent de leurs larmes les fleurs et les immortelles, tandis que vous, enlaçant de vos petits bras le cou de votre mère, qui vous serre tendrement dans les siens, vos joues pressées sur ses joues, vous fondez en larmes de joie et de bonheur.

Qu'ils sont heureux les enfants qui ont encore un père, une mère! qu'ils sont heureux de pouvoir dire: Papa, maman, je t'aime! Cependant ces petits infortunés qui ont perdu leurs parents, et qu'on nomme *orphelins*, ne croyez pas qu'ils soient abandonnés entièrement. Oh! non, ils ne manquent de rien, on les reçoit dans une grande maison où ils se trouvent souvent réunis au nombre de trois, quatre, cinq cents et plus encore, où on leur donne tout ce qui est nécessaire pour nourrir et vêtir les membres délicats de leurs faibles corps, ainsi que pour les instruire de tout ce qui, plus tard, les mettra en état d'être utiles à eux-mêmes et à la société.

De telles maisons sont appelées *maisons des orphelins*.

On serait tenté de croire que, pour des enfants si malheureux, il n'y a plus de charmes, plus de jouissances sur la terre. Eh! bien, vous aimerez davantage encore la musique, si je vous dis que c'est elle qui est devenue la consolation des habitants des maisons d'orphelins en Allemagne. Visitez un jour ces établissements dans vos voyages, allez dans les écoles des orphelins, vous les y entendrez chanter ces mêmes chansons du *Papillon*, des *Adieux de l'hirondelle*, dont je vous ai déjà parlé, enfin tout ce que vous aurez entendu dans les écoles des autres enfants, et vous croirez alors qu'ils ont oublié leur misère, leur détresse, car ils rient, ils semblent être heureux. Le soir encore ils chantent dans la grande cour carrée, ou sur la pelouse du grand potager; et le dimanche, les jours de fête, entrez dans l'église où leurs voix angéliques se mêlent par centaines aux voix de l'orgue et portent aux pieds de l'Etre suprême leurs prières et leurs hymnes, se souvenant de leur mère, de leur père, jetant un regard dans le passé, un regard dans l'avenir, promettant d'être toujours vrais, toujours bons, toujours justes; écoutez ces chœurs de centaines de voix d'orphelins se confondre dans les mêmes promesses, avec le même accent de mélodie, dans le même instant, comme si c'était une seule bouche qui chantât ; alors vous seriez comme eux émus jusqu'au fond du cœur ; comme eux, vous pleureriez d'attendrissement, et vous sentiriez ce que c'est que le chant aussi vivement que moi, qui voudrais vous le faire comprendre ; vous diriez, avec moi, avec tous les professeurs et tous les enfants de l'Allemagne : Le chant n'est pas un luxe ; le chant perfectionne la finesse de l'ouïe, purifie la voix, renforce la poitrine, améliore le cœur. Le chant rend les écoles plus gaies, plus attrayantes, la maison paternelle plus sacrée, l'église plus sublime ; il soulage le pauvre, rend le riche bienveillant ; il console celui qui souffre et rend plus heureux encore celui qui est heureux, diminuant la peine de moitié, comme il double le plaisir.

Si un jour, quand vous serez grand, vous et vos petits amis savez chanter comme on le sait en Allemagne, vous pourrez dire alors à tout le monde, que les petits Français ont d'aussi jolies voix et autant de plaisir à chanter que les petits Allemands. Si l'on entend des chœurs de soldats et des chœurs d'ouvriers, si l'on chante dans les casernes et dans les ateliers, dans les rues, dans le salon du riche et dans la cabane du pauvre paysan, dans les familles le soir et dans les églises le matin, alors les villes et les campagnes seront animées d'une tout autre vie.

CELUI QUI CHANTE, EST BON ; LE MÉCHANT NE CHANTE PAS.

Aux Parents et aux Maîtres.

I.

ENSEIGNEMENT DU CHANT

DANS LES ÉCOLES ÉLÉMENTAIRES.

En Allemagne, comme en Italie, la musique est un art populaire ; dans le second de ces pays, sa popularité tient à un instinct naturel de ses habitants ; dans le premier, elle est plutôt un effet de l'éducation.

En Allemagne, non-seulement le chant fait essentiellement partie d'une bonne éducation, quant aux classes supérieures de la société, mais on le considère encore comme un moyen puissant et indispensable de perfectionner le moral et de développer le goût et l'intelligence des classes moyennes et inférieures. C'est pourquoi il a été mis au rang de toutes les autres parties de l'enseignement, soit dans les gymnases et les lycées, soit dans les écoles élémentaires de toute espèce. Du reste, dans les mesures qu'on a prises à cet égard, on ne s'est point borné à imposer à l'autorité chargée de l'instruction publique l'obligation de faire en sorte que l'enfant qui fréquente les écoles puisse, s'il en a envie, apprendre le chant. Non, chaque enfant, soit dans les écoles des villes, soit dans celles de la campagne, est tenu d'assister avec la même ponctualité à la classe de chant qu'à toutes les autres classes. Le plus jeune écolier allemand ne marche pas plus sans sa petite méthode de chant que sans son abécédaire.

Toutefois, il n'entre point dans les vues de ce système de faire de chaque élève des écoles un chanteur accompli, ou un musicien distingué ; il est né d'une pensée plus profonde, et son action puissante sur la vie du peuple produit des résultats plus importants.

L'enseignement, dans les écoles, ne tend ordinairement qu'à développer l'intelligence de la jeunesse, qu'à former sa raison, qu'à élargir son entendement ; mais le corps succombe, et aucun aliment n'est offert au cœur ni à l'âme des jeunes élèves.

Afin de pourvoir en même temps au développement de leurs forces physiques et de leurs facultés intellectuelles, on a introduit les exercices gymnastiques dans les écoles et les institutions de l'Allemagne ; et pour ouvrir le cœur des enfants à tous les sentiments généreux, pour empêcher qu'une conscience orgueilleuse de leur éducation intellectuelle n'altérât la pureté de leur âme et n'étouffât en eux le germe des mouvements nobles et bienveillants du jeune âge, on a mis le chant au nombre des autres objets d'étude.

L'effet immédiat de l'enseignement de cet art dans les écoles est d'ouvrir l'oreille des enfants aux impressions des tons; de rendre leur goût plus délicat ; d'éveiller en eux l'amour des arts; de leur donner de l'éloignement pour ce qui est léger ou frivole, d'imprimer un essor noble à tous leurs mouvements. On leur procure ainsi un plus digne objet de récréation, qui, par l'effet d'une attraction sympathique, favorise parmi eux la concorde, maintient la communauté des sentiments et forme de doux liens entre ces jeunes cœurs.

II.

INFLUENCE DU CHANT SUR L'ÉDUCATION PHYSIQUE.

Nous avons à examiner ici encore une autre question ; elle consiste à savoir pourquoi c'est le chant qu'on a préférablement introduit dans les écoles, et s'il exerce sur l'éducation du peuple une influence plus puissante que n'aurait pu faire l'enseignement de tout autre instrument de musique. La solution de cette question découle naturellement de l'analyse même des résultats que l'on obtient à l'aide du chant. Ainsi que nous l'avons déjà dit, il est impossible de songer à former des chanteurs, des musiciens accomplis dans les écoles élémentaires. Le but de ces écoles est de fournir à l'intelligence de l'homme ses premiers aliments, de poser la première base du développement futur de ses facultés, et c'est à favoriser ce développement, à écarter les obstacles que l'organisation individuelle des élèves peut y opposer, que l'on doit d'abord s'attacher. Or, c'est précisément sous ce dernier rapport que l'enseignement du chant s'offre comme une ressource nécessaire.

Le perfectionnement du langage résulte d'abord de l'enseignement de la musique vocale. On a pensé avec raison que le chant était le moyen le plus efficace de rendre de *bons organes encore plus parfaits* et de *corriger* ou même de *faire disparaître entièrement* ce qu'il y a de *défectueux* dans les organes des enfants qui ont le défaut de bégayer, de nasiller, ou de faire entendre une espèce de sifflement en parlant. On va donc droit contre le but de l'enseignement du chant, si, comme cela se pratique ordinairement, on en exclut les enfants qui ont quelques vices dans les organes de la voix. Cet obstacle naturel, fût-il bien prononcé, peut être surmonté et entièrement écarté, si le maître n'y épargne pas ses soins, si l'élève s'y applique avec persévérance.

Tout exercice de chant est en même temps un moyen de perfectionner le langage. La manière de parler diffère, comme la voix, d'homme à homme, par le plus ou moins de facilité, le plus ou moins d'agrément dans la prononciation, et dans le timbre de l'organe dont la nature a doué chaque individu.

D'un autre côté, l'enseignement du chant tend à perfectionner le *sens auditif*, dont les organes, ainsi que ceux de la voix, ne sont pas non plus également parfaits chez tous les hommes. On commet donc aussi une grande faute en excluant de la classe de chant ceux des enfants qui ne montrent pas de prime-abord des dispositions musicales quant à l'oreille. Cette qualité se développe chez quelques-uns plus tardivement que chez les autres, et s'il s'en trouve qui semblent en être entièrement dépourvus, cela provient souvent de ce qu'ils n'ont jamais entendu chanter, ou du moins très rarement, et de ce qu'ils n'ont jamais eu l'occasion d'imiter les tons des autres.

C'est en entendant chanter qu'on apprend à distinguer le degré d'élévation et d'abaissement des tons, que l'oreille est exercée; et c'est en essayant graduellement à imiter les autres que nous parvenons à rendre nos organes capables de reproduire les tons que nous avons saisis.

Enfin, malgré tous les préjugés qui peuvent exister à cet égard, nous pensons que le chant, où l'art de respirer joue un si grand rôle, est un des meilleurs remèdes contre les infirmités de la poitrine. En effet, par des exercices qui sont en rapport avec les autres forces physiques du chanteur, les poumons se dilatent, se fortifient, et avec eux la poitrine.

A tous ces avantages physiques de l'enseignement du chant se joint l'influence qu'il exerce sur le moral, influence puissante, dont l'homme soumis à son empire ressent les effets bienfaisants jusqu'au terme de sa carrière.

III.

INFLUENCE DU CHANT SUR L'ÉDUCATION MORALE.

Nous avons démontré les avantages et l'influence du chant sur l'éducation physique de la jeunesse; il nous reste à expliquer l'effet moral qu'il peut produire comme source de sentiments élevés, comme moyen d'adoucir les mœurs.

Outre que l'étude du chant forme et perfectionne l'organe du langage et de la voix, outre que le sens de l'ouïe y gagne de la finesse, outre que les élèves y prennent du rhythme une habitude ineffaçable, on y trouve encore cet avantage qu'elle concourt d'une manière certaine *à éveiller les dispositions musicales des élèves.* En effet, à cette éducation des organes physiques se rattache étroitement le développement des facultés intellectuelles. Le sentiment du beau fait de constants progrès dans les esprits; le germe du sentiment artistique s'y trouve implanté, de manière à jeter chaque jour de nouvelles racines.

A l'amélioration morale qu'une semblable éducation ne saura manquer de produire, il faut joindre encore la jouissance du moment, point de la plus haute importance vis-à-vis de la jeunesse et auquel on ne saurait apporter une trop grande attention.

Depuis l'introduction du chant dans les écoles de l'Allemagne, ces établissements jadis si tristes, ont pris un aspect tout autre. Les élèves ont perdu peu à peu cet invincible dégoût pour des abstractions qui leur faisaient regarder leur classe comme une véritable prison. On chante à l'ouverture et on chante encore à la fin de chaque classe. Pour éviter la fatigue que cause l'étude des autres matières de l'enseignement, les leçons de chant, avec tous leurs charmes et toutes les distractions qu'elles présentent, viennent rompre la monotonie générale. Le chant égaie la jeunesse et la dispose en outre à la ferveur religieuse dans les temples comme dans le sein du foyer domestique.

C'est dans cette éducation musicale, tout élémentaire qu'elle puisse être, qu'on doit chercher la cause et le secret de l'amour ardent que l'Allemand professe pour la musique, et de l'opinion qui le fait regarder à l'étranger comme un enfant gâté de la nature pour tout ce qui se rattache à cet art.

Ses organes sont assouplis de bonne heure. Les principes élémentaires de la musique ont été gravés dans son esprit en même temps que l'A B C. Il saisit ensuite toute occasion de s'avancer plus loin dans la science; partout il entend chanter; partout il entend d'excellents modèles qu'il n'a plus qu'à imiter. Dans toutes les situations de sa vie, dans toutes les dispositions de son âme, dans les cercles de la société comme dans la solitude, partout, dans sa patrie comme à l'étranger, le chant est pour lui un fidèle et inséparable compagnon.

IV.

INFLUENCE DU CHANT SUR LA SANTÉ DES ENFANTS.

Un des préjugés qui s'opposent le plus opiniâtrement à ce que l'enseignement du chant se répande parmi la jeunesse, est celui qui résulte de cette opinion si fréquemment émise, savoir ; que le chant, appris dans un âge encore tendre, peut avoir une influence funeste sur la santé des enfants, qu'il est la source de nombreuses maladies de poitrine, crachements de sang, affections pulmonaires et autres.

Le temps n'est pas encore bien éloigné ou la même opinion trouvait des échos en Allemagne. Mais tout le monde sait aujourd'hui à quoi s'en tenir là-dessus. Les recherches les plus minutieuses, faites tant par les gouvernements que par les parents, ont prouvé que c'était là une opinion erronée, et des expériences répétées mille fois ont enfin chassé de l'Allemagne cet absurde préjugé.

Ce n'était pas assez qu'on eût cessé de redouter le chant comme nuisible à la santé, on est arrivé à le considérer comme un des moyens les plus efficaces pour donner force et vigueur à tous les organes physiques que le chant met en mouvement.

Tous les genres d'exercices, soit corporels, soit intellectuels, ne peuvent qu'être favorables au développement du corps ou de l'esprit. De même que l'intelligence, l'esprit et le cœur des enfants font chaque jour de nouveaux progrès, quand ils sont cultivés avec soin; de même aussi, les muscles formant les parties du corps auxquelles on donne un exercice raisonnable, ne peuvent que gagner de la vigueur. L'expérience a fait aisément reconnaître que l'étude du chant, outre qu'elle forme la voix et l'oreille, procure encore de la force et de la souplesse à toutes les parties du corps qui exercent sur les poumons une influence quelconque.

Dans la vie physique, la respiration est un besoin naturel; dans le chant, elle devient un art. En effet, dans le langage ordinaire, il est important que des périodes formées de plusieurs phrases soient débitées de manière à ce qu'on en rende le sens clair et intelligible, en observant avec soin les signes de la ponctuation; cela devient encore d'une bien autre importance dans le langage musical, où les phrases ont plus d'étendue, où les signes de ponctuation sont par conséquent plus éloignés, et où d'ailleurs, il se fait nécessairement une bien plus grande dépense de voix et de respiration. Une attention excessive devient alors indispensable, afin que le sens musical ne soit pas coupé mal à propos, par des repos malencontreux, qui auraient pour résultat de rendre ce sens tout-à-fait méconnaissable.

Puisque l'exécution musicale offre des passages qui demandent impérieusement à n'être pas coupés, sous peine de manquer entièrement leur effet, et de détruire complétement la pensée musicale, il en résulte que la respiration ne doit pas être arbitraire, c'est-à-dire qu'un chanteur ne doit pas respirer d'après la seule impulsion et le seul besoin de la nature, et que sa respiration doit être raisonnée suivant les règles de l'art.

Rien n'est plus propre que l'étude du chant à procurer une respiration longue et étendue : j'en appelle à tous ceux qui ont cultivé leur voix, et qui ont pu comparer les résultats de leurs premières leçons avec celui des leçons suivantes. Dans les commencements, la moindre dépense de respiration est gênante pour l'élève; une noire lui paraît souvent trop longue à soutenir; plusieurs noires consécutives épuisent entièrement son souffle; il se trouve dès l'abord fatigué. Mais combien cette gêne n'est-elle pas prompte à disparaître : l'élève en vient bientôt à ce point que plusieurs noires à chanter d'une haleine lui semblent moins fatigantes que s'il lui fallait prendre à chaque note une respiration nouvelle. Peu à peu il s'habitue à chanter de suite deux, trois, quatre noires, puis successivement deux, trois ou quatre mesures dans un mouvement plus ou moins lent; et ce que peuvent alors permettre les poumons d'un enfant excéderait souvent les forces d'une personne tout-à-fait formée.

Cependant, ici comme en toutes choses, l'excès deviendrait nuisible, et il serait dangereux de trop fatiguer l'enfant par des exercices de ce genre; mais il n'en serait pas moins souverainement injuste d'attribuer à l'étude du chant toutes les maladies de poitrine dont peuvent se trouver affectés les élèves.

L'exercice raisonnable et modéré du chant peut, au contraire, avoir une heureuse influence sur des tempéraments délicats, et procurer de la vigueur aux organes voisins de la poitrine et des poumons. Mais, pour cela, il faut que l'enseignement ait lieu dans les premières années de la vie, pendant l'enfance, où tous les organes sont encore souples et impressionnables.

V.

QUEL EST L'AGE LE PLUS CONVENABLE POUR L'ÉTUDE DU CHANT?

Le chant forme la base première de toute éducation musicale; toutes les autres branches de cette éducation ne sont qu'une imitation du chant. Tout instrument chante à sa manière, avec des formes plus ou moins brillantes, plus ou moins pauvres, avec des sons plus ou moins forts, suivant le caractère et les ressources du mécanisme qui lui est propre.

Mais la difficulté de se familiariser avec le mécanisme exige des soins assidus; cette étude doit donc être précédée par des leçons générales sur la musique, sur la partie grammaticale de cet art.

Or ce résultat, comment l'atteindre d'une manière plus convenable, plus certaine, que dans le cas où la théorie musicale marche d'un pas égal avec l'enseignement du chant? à mesure que la voix acquiert de la souplesse, les principes fondamentaux de l'art musical se développent successivement: à l'intonation des notes, se joint la lecture des signes, la division des temps, la connaissance des différentes gammes et des modes divers; celle des accents toniques, des syncopes, des accords, etc., etc. Toutes ces leçons composent une étude préparatoire indispensable aux instrumentistes, et quiconque aura travaillé sur de telles bases, se rendra facilement maître du mécanisme de son instrument.

Si l'on surmonte plus aisément les obstacles physiques en prenant l'enseignement du chant pour base de toute éducation musicale, ce n'est pourtant pas là le seul motif qui nous porte à recommander cette méthode. L'influence du chant doit s'étendre jusqu'aux facultés intellectuelles de l'homme; elle doit affecter tout son être; son effet doit être plus que momentané, il doit être durable, et laisser chez l'élève des traces ineffaçables pendant tout le cours de sa vie.

Nous remarquons en effet qu'outre le perfectionnement du langage, outre la souplesse et l'amélioration de la voix, outre l'éducation du sens de l'ouïe, l'étude du chant produit encore un sentiment du rhythme, qui devient ensuite inséparable de la nature de l'homme, et se grave à tout jamais dans son être. Parmi les virtuoses, et quelque fût l'instrument sur lequel ils brillaient, jamais on n'en a vu chez qui le sentiment de la mesure fût plus exquis, fût plus devenu une seconde nature, que parmi ceux qui avaient commencé par être chanteurs, ou qui avaient fait précéder toute étude musicale par celle du chant.

Toute espèce d'enseignement n'est pourtant pas propre à faire atteindre ce but. On rencontre une foule de chanteurs de tous rangs, qui sont privés du sentiment déterminé de la mesure. L'enseignement particulier n'est jamais de nature à développer ce sentiment d'une manière remarquable. Aussi donnons-nous sans hésiter la préférence à l'enseignement des écoles sur l'enseignement isolé. Les différences de caractère et de tempérament se fondent dans la foule; elle entraine les indolents et tempère l'ardeur de ceux qui ont trop d'impétuosité.

En général, avec un enseignement simultané, le professeur trouve de puissants auxiliaires dans l'émulation des élèves et dans l'amour de l'imitation, sentiment si profondément gravé dans la nature de l'homme. Les plus forts entrainent les plus faibles et non-seulement l'attention se trouve incessamment éveillée, mais un élève devient ainsi le maître de son camarade.

Cependant l'enseignement simultané lui-même n'atteint le but qu'à moitié, lorsqu'il n'a pas lieu à un âge où les organes de l'ouïe et de la voix n'ont pas encore eu le temps de s'endurcir, où les sens n'ont pas encore été émoussés, à une époque enfin où ces organes sont encore souples et accessibles à toutes les impressions.

Par cette raison, l'enfance n'est pas seulement l'âge le plus propre à profiter de cet enseignement, c'est le seul où les leçons puissent être d'une véritable utilité. Toute l'éducation mécanique de la voix doit se faire avant l'époque de sa mue. Cette période remarquable de la vie qui termine l'enfance, et forme comme une introduction à la jeunesse, a une influence sans bornes sur l'éducation de la voix.

Jusque-là les voix de garçon et de fille sont à un semblable diapason. Mais en même temps que le corps se développe, il se manifeste aussi des sentiments jusqu'alors inconnus, une nature toute nouvelle est éveillée, les sexes se séparent, les voix deviennent différentes, et il en est de même du langage.

Ce changement est surtout remarquable chez les garçons, les tons élevés de leur voix disparaissent ou s'abaissent successivement jusqu'à une octave inférieure. C'est ainsi que les voix de soprano ou d'alto deviennent chez les hommes des voix de ténor ou de basse.

Cette période de la mue dure plus ou moins long-temps, selon que le tempérament ou les émotions accidentelles hâtent ou retardent le travail de la nature. La crise embrasse souvent l'espace de deux ou trois années; l'enfant perd successivement, l'une après l'autre, toutes les notes élevées de sa voix, avant que les notes basses soient encore formées; souvent aussi il est privé tout à coup de tons élevés et il perd presque entièrement la voix et le parler. Parfois, peu de mois ou de semaines suffisent pour effectuer ce changement et il est arrive souvent qu'une émotion fortuite a opéré une révolution soudaine de la nature.

Les voix de femme conservent, il est vrai, les notes élevées; aussi le changement s'opère-t-il d'une manière moins sensible, mais le travail intérieur de la nature n'est pas moins actif. Tous les jugements qu'on pourrait former avant cette époque sur les qualités futures de la voix ne peuvent être que de pures présomptions; car, outre que les voix élevées deviennent souvent graves par l'effet de la mue et reciproquement, il arrive encore parfois qu'une voix d'enfant, en apparence fort ordinaire, devient, après cette époque, pleine, souple, vibrante et douée d'un charme tout particulier, tandis qu'au contraire une belle voix, par suite de la même crise, devient tout-à-fait médiocre, si même elle ne se perd entièrement.

Mais il arrive ordinairement que la mue donne aux voix de femme plus de force et de charme, plus de rondeur et de plénitude, et qu'elle leur procure peu à peu les qualités qui les font reconnaître plus distinctement pour des voix de soprano ou d'alto.

Pour le professeur comme pour l'élève, cette période est d'une extrême importance, d'autant plus que le régime qu'on fait suivre à ce dernier, aussi bien que la manière dont on le fait chanter, ont une influence immédiate sur la mue de sa voix. Il faut surtout se garder de l'exercer fréquemment à l'étude du chant et plus encore de lui faire pousser des sons trop au-dessus de sa portée, parce que l'organe de la voix se trouvant affaibli et perdant de sa souplesse accoutumée il en pourrait résulter les accidents les plus fâcheux pour la voix qu'on prétendrait former. Oui, les efforts trop violents pendant la durée de cette période ont souvent anéanti pour toujours des voix qui donnaient les plus belles espérances.

Ce n'est pas ce motif seul qui fait interdire l'exercice du chant pendant la période de la mue ; l'hygiène entre aussi pour beaucoup dans cette mesure, et, faute de l'observer on peut exposer l'élève à des affections de poitrine.

Or comme c'est à cette époque que la voix se forme, qu'elle se fixe pour tout le reste de la vie et qu'elle prend un caractère durable, il est nécessaire qu'avant ce temps on ait familiarisé l'élève avec les leçons sur le mécanisme de la voix.

Maintenant comme il est généralement reconnu (et c'est un point sur lequel les recherches les plus minutieuses des médecins se trouvent d'accord avec l'expérience des professeurs comme des parents) que l'exercice du chant ne présente pas le moindre danger pour l'enfance, et qu'au contraire il contribue puissamment à développer la poitrine des élèves, à fortifier les poumons, à former et à perfectionner tous les organes de la voix et du langage, il est évident que c'est précisément cet âge qu'il faut choisir pour l'enseignement du chant.

Oui, l'enseignement du chant, principalement dans les écoles, est parfaitement convenable pour les enfants, même pour ceux de l'âge le plus tendre ; car ici ils ne prennent part aux leçons qu'en se jouant pour ainsi dire, puisqu'on ne les force pas, comme dans l'enseignement particulier, à chanter seuls, et qu'ils ne sont pas tenus à des efforts souvent au-dessus de leur portée.

Il n'existe aucun autre enseignement qui ait pour l'élève, même à son insu, une influence plus vive et plus efficace relativement à son éducation postérieure ; et c'est souvent alors une chose qui excite l'étonnement, que de voir à quel point l'ouïe de l'enfant se trouve perfectionnée par cette habitude de chanter presque instinctivement, à quel point le sentiment du rhythme a pris racine dans son esprit, et combien sa voix a contracté d'habileté dans l'intonation des intervalles mélodiques.

VI.

CHANT POUR L'ENFANCE.

La disette où l'on est en France d'exercices convenables pour le chant, est sans contredit un des plus grands obstacles qui s'opposent à l'enseignement musical dans les écoles élémentaires, et principalement dans les petites villes, ainsi que dans les campagnes. Tout progrès devient impossible lorsque les leçons pratiques ne marchent point d'un pas égal avec les préceptes de la théorie. Il ne peut régner une trop grande analogie entre ces deux branches de l'enseignement, et la première ne doit être que le complément, que l'explication de la seconde. Les règles doivent être traduites par des exemples, et ceux-ci, pour produire une impression durable, doivent être gravés dans l'esprit des élèves, au moyen d'une théorie claire et précise. Toutes les fois que les leçons pratiques découleront d'un autre principe, il arrivera que le choix qu'on en fera pourra être erroné. Des exemples mal appropriés aux préceptes ainsi qu'à l'intelligence des élèves ne font qu'augmenter les difficultés de l'enseignement, et deviennent dès-lors plutôt nuisibles qu'utiles.

Les exercices destinés aux écoles de chant sont de deux espèces : la première, appelée solmisation, dans laquelle on n'admet pas de paroles ; et la seconde dans laquelle la musique est accompagnée d'un texte quelconque.

A partir des premiers élémens de l'art du chant, le langage est déjà réuni aux sons par une certaine alliance ; c'est ce qui a lieu dans la dénomination qu'on donne aux différentes notes, et principalement dans la solmisation italienne.

Le professeur doit donc, dès ses premières leçons, apporter tous ses soins à obtenir des élèves une prononciation nette et distincte.

Du reste, ces exercices sans texte sont plus aisés à se procurer que les autres, et, en outre, les professeurs ordinaires peuvent facilement en composer eux-mêmes pour les approprier à leurs leçons théoriques.

Après ces leçons préparatoires, dont l'importance est extrême, il devient facile pour le professeur de mettre des paroles sous les notes, et d'exercer ses élèves à cette double étude.

C'est là un moment solennel dans les écoles élémentaires de chant ; les premiers obstacles sont surmontés ; une ère nouvelle et séduisante s'ouvre devant l'enfant. En effet, qui pourrait calculer l'impression que peut produire sur sa jeune âme des paroles à la portée de son intelligence, et qu'il entend pour la première fois parées du prestige des sons? Comment peindre l'espèce d'enthousiasme, comment décrire le recueillement et la sainte joie qui s'emparent de l'enfant et le captivent, lorsque, dans une école de village de l'Allemagne, on exécute les premières *chansons*, dont les paroles comme la musique sont si simples, si pures, si empreintes de chaleur et d'innocence ! Qu'on entende le mélange de ces voix, dont le nombre, variant de 40 à 80, s'élève souvent jusqu'à 100; qu'on lise dans les yeux de chacun de ces enfants, et l'on verra ce qui se passe dans son âme. Avec le son qui circule d'une oreille à l'autre, l'émotion, comme un feu électrique, se communique à chacun d'eux. L'enfant accourt chez ses parents; le chant qu'on vient de lui apprendre, il le répète de son mieux, il le redit à son père et à sa mère, à ses grands-parents, à tout le monde. Dans les rues et dans les maisons, au milieu des bois comme dans la prairie, partout, on entend résonner la mélodie du *lied* favori.

C'est ainsi que l'amour de la musique grandit avec l'Allemand. Le sentiment de la mesure, celui du beau, se trouvent éveillés chez lui de bonne heure. C'est ainsi que sa voix se forme, que son oreille se perfectionne; ses chants croissent avec lui, se ployant et se prêtant sans cesse aux exigences de sa vocation ou de sa profession. Tout le monde chante en Allemagne, le citadin comme le paysan, l'étudiant comme le soldat. Artistes ou artisans, tous ont leur provision de chants, compagnons chéris dont ils ne se séparent dans aucune des villes où l'on rencontre leurs troupes nomades. L'Allemand, à qui il est si facile de trouver partout une patrie, l'Allemand oublie souvent sa propre langue, il oublie parfois le pays qui l'a vu naître, mais ses chants ne sortent jamais de sa mémoire.

Qui n'a pas entendu parfois un Suisse soupirant son ranz des montagnes, ou un Styrien modulant son *jodler?* Qui n'a pas prêté l'oreille à ces chants dont les accents, comme l'écho d'un temps plus heureux, saisissent l'âme du chanteur d'un saint enthousiasme et lui rappèlent un monde perdu depuis long-temps? Pour nous, qui avons pénétré dans le labyrinthe savant des théories de l'harmonie et du contrepoint, nous qui avons admiré l'art musical dans ses plus nobles inspirations, sur les théâtres comme dans les églises, sous les portiques du Vatican comme dans les temples juifs ou protestants de l'Allemagne, nous qui avons étudié la corruption humaine à son berceau, au milieu de ces capitales de l'Europe, où des passions de tout genre, où les dissensions religieuses et politiques ont depuis longues années effacé de nos âmes le monde naïf chanté dans les *lieder*, nous ne saurions tenter de décrire le touchant effet que produit encore sur nous-mêmes un chant appris dans notre enfance.

Les chants appris à un âge aussi tendre devant laisser dans l'esprit des élèves des impressions si profondes et si durables, on ne peut apporter une trop grande sollicitude dans le choix des paroles et de la mélodie des morceaux de chant.

Pour les uns comme pour l'autre, il faut se garder d'aller puiser des inspirations dans les régions élevées des théâtres ou des salons. Les chants destinés aux enfants doivent paroles et musique, ne rouler que dans un cercle accessible à des intelligences d'enfants. Dans ces chants, tout doit être vie et action. Que rien d'abstrait, que rien d'inanimé ne soit présenté à l'élève! C'est dans le cercle innocent des matières à la portée de son esprit qu'il faut puiser le sujet des chants qu'on lui présente, si l'on veut que ces chants soient compris et que l'effet qu'on en attend ne soit pas manqué. C'est par des exemples pleins de vie, c'est au moyen d'images frappantes, qu'on parviendra à réunir dans ces chants tout ce qu'il importe d'inculquer dans sa jeune âme pour son éducation future.

Toute la vie de l'homme, tout ce qui concourt à son éducation morale ou religieuse, est du ressort de ces chants. L'enfant y trouve des leçons sur tous les devoirs qu'il aura un jour à remplir, tant comme homme que comme citoyen, comme futur anneau de cette grande chaîne qu'on appelle la société. Le choix du texte est donc d'une extrême importance.

Mais pour faire comprendre ce texte, le choix de l'expression est pareillement aussi important que difficile.

Le monde n'apparaît pas le même aux yeux de l'enfant ou à ceux de l'homme : l'âme d'un enfant prête la vie aux objets les plus inanimés. Dans les dessins que font ses petites mains sur le sable, sa riche imagination sait trouver des villages, des cités et des campagnes. A ses yeux, chaque jeu de cartes est un palais, chaque fragment de verre devient un soleil, chaque bulle de savon représente un monde ; pour lui tout est animé, tandis que l'homme plus avancé sur la route de la vie et de l'expérience, voit s'évanouir successivement chacune de ses illusions, endurci à la rude école de la souffrance, il abandonne peu à peu le cercle de la vie pour se retirer dans un monde d'abstractions et de raisonnements. Il vit dans le passé et l'avenir, tandis que l'enfant est tout au présent : léger papillon qui caresse toutes les fleurs pour en exprimer le suc et le parfum.

Les premières règles d'un chant destiné aux enfants, se posent donc pour ainsi dire d'elles-mêmes. On doit éloigner de lui toute parole ou toute idée abstraite, telles que celles de *vertu, innocence, temps* et *éternité*. L'enfant ne comprend pas ces mots ; il faut lui présenter des images vivantes : sa science ne va pas plus loin que sa main.

Et pourtant le cercle dans lequel peut se mouvoir la poésie de l'enfant n'est pas si resserré qu'on pourrait le croire ; la nature toute entière, telle qu'elle vit autour de nous, telle qu'elle se déploie à nos yeux, avec ses fleuves et ses ruisseaux, avec ses arbres, ses fleurs et ses fruits, avec ses oiseaux et ses papillons, avec son ciel, ses globes lumineux, ses nuages, la nature lui présente une foule d'objets propres à le séduire ; de même que dans le monde moral, l'école et la maison paternelle, la fête de son père, celle de sa mère, la sienne propre, sont autant des sujets poétiques à sa portée.

Cependant cette branche si importante de l'enseignement est loin d'être traitée partout avec la même attention, avec la même sollicitude. L'Allemagne, où l'on apporte des soins si vigilants à l'éducation de la jeunesse, l'Allemagne, plus que toute autre nation, est riche en poésies destinées à l'enfance, et l'on peut affirmer sans crainte que les plus grands poètes de ce pays n'ont pas dédaigné de consacrer à ce genre leur plume et leur génie.

Puissent les paroles d'un grand philosophe sur ce sujet trouver écho et sympathie auprès de ces hommes qui, pénétrés de la grandeur de leur sainte mission, se sentent appelés à instruire dignement une génération nouvelle, et croient à la possibilité de parer leurs préceptes gracieux et poétiques, pour inculquer dans l'âme des jeunes gens de hautes leçons sur leurs devoirs comme hommes et comme citoyens. « Mon Dieu ! dit Herder (1), quelle sécheresse, quelle aridité certaines gens ne supposent-ils pas dans l'âme de l'homme, dans l'âme des enfants ! et pourtant que ce sujet m'apparaît grand et sublime, quand je rêve à des poésies de ce genre ! S'emparer de l'âme toute entière d'un enfant ; lui imprimer des chants qui laisseront en elle des souvenirs durables, éternels ; la pousser ainsi aux grandes actions et à la gloire ; lui inoculer l'amour de la vertu, et lui procurer des consolations dans l'adversité ; renouveler, enfin, les chants de guerre et de patrie, les chants héroïques si chers aux anciennes nations, quel noble but ! quelle grande œuvre ! »

VII.

DE L'ÉDUCATION MUSICALE EN ALLEMAGNE.

Qu'il me soit permis, après ce que j'ai dit jusqu'à présent sur l'enseignement du chant, de montrer le point où en est aujourd'hui cet enseignement en Allemagne, dans les différentes classes de la société.

Un parallèle sous ce rapport avec l'Allemagne ne pourrait être établi qu'avec un grand désavantage par toute autre nation. Aussi n'est-ce pas là le but que nous nous proposons en nous occupant de l'Allemagne comme nous l'avons fait jusqu'à présent. Nous sommes bien éloignés de vouloir présenter cette nation comme modèle à toutes les autres, et notre intention n'est pas de pousser à l'imitation un peuple qui, comme celui de France, est habitué depuis long-temps à ne guère reconnaître de supériorité étrangère dans quelque branche que ce puisse être. Nous prétendons seulement démontrer ce que nous avons établi précédemment ; c'est que le chant et la musique sont devenus en Allemagne propriétés populaires, parce qu'ils font partie de l'éducation du peuple, et nous en concluons qu'à l'aide de pareils moyens, toutes les autres nations, sans en excepter la nation française, pourront aisément arriver au même but.

La vie d'un peuple peut être comparée à celle d'un enfant. Plus un homme est près de l'état de nature, plus il est soumis à l'impression des sens. Les moyens d'agir sur les sens varient suivant le degré de civilisation qu'un peuple a atteint. Ils sont grossiers chez les populations sauvages, et ils s'adoucissent en proportion de la place plus élevée que prennent les peuples dans l'échelle sociale.

Quand cet adoucissement se fait sentir dans les mœurs, comme dans l'éducation du peuple, il doit devenir facile d'en recueillir les fruits, de même qu'avec une culture attentive des plantes et des arbres, il est aisé de se procurer une récolte abondante.

(1) Sur Ossian et les chants des anciens peuples, p. 84.

Dans toutes les écoles publiques de l'Allemagne, et surtout en Prusse, en Saxe, en Bavière, dans le Wurtemberg, l'enseignement du chant est prescrit par les gouvernements comme élément essentiel de l'éducation scolaire. De même qu'il n'est permis, sous aucun prétexte, à un particulier de soustraire son enfant à l'étude de la grammaire, de l'écriture et du calcul, car dans ce cas, la loi agit d'autorité sur lui, de même aussi personne ne peut se dispenser de prendre part à l'étude du chant adoptée dans les écoles.

La première question qui se présente est celle-ci : Par qui est dirigé cet enseignement du chant ? y a-t-il donc en Allemagne assez d'artistes musiciens pour qu'on puisse pourvoir d'un maître de chant toutes les écoles des villes et des campagnes, et, en outre, par qui sont supportées les dépenses que doit nécessairement occasioner un tel ordre de choses ?

Ces questions sont résolues d'avance, attendu que tout directeur d'école est ou doit être en même temps maître de chant. Celui qui ne satisfait point à cette condition est placé dans les écoles où, indépendamment du professeur principal, la présence d'un maître adjoint devient nécessaire. Pour la nomination des professeurs, les gouvernements apportent une grande attention à ce qu'au moins l'un des deux maîtres soit assez habile dans la musique pour pouvoir dignement présider à l'enseignement de cet art.

La règle veut que le chant soit enseigné dans les *écoles normales*, ainsi que dans les *séminaires* des *maîtres d'école*; mais, afin de procurer un peu de soulagement au maître et pour éviter la fatigue que lui occasionerait l'obligation de chanter lui-même après avoir vaqué à ses devoirs de professeur dans les autres branches de l'enseignement, on exige de lui, pour sa nomination et son installation, qu'il possède au moins assez de connaissance du violon pour être en état d'accompagner sur cet instrument le chant de ses élèves. Il faut, en outre, qu'il ait quelque habitude du piano et de l'orgue.

Afin d'entretenir, d'encourager et de perfectionner chez ces mêmes maîtres le sentiment musical, ils ont toutes les semaines des *conférences* ou *exercices* sous la direction d'un de leurs collègues, élu par eux en raison de sa capacité, ou bien encore sous celle d'un pasteur ou d'un inspecteur des écoles qu'ils invitent à cet effet.

Il arrive souvent que les professeurs d'un ou de plusieurs départements entiers se réunissent annuellement pour exécuter de grandes œuvres vocales et instrumentales, des chœurs à voix d'hommes, et même des oratorios.

Du reste, les autorités scolaires ne restent pas entièrement étrangères à cette propagation du goût de la musique, non plus qu'à ces exercices pratiques de la part des maîtres d'écoles. On cherche à procurer aux maîtres les plus pauvres, ou à ceux qui n'ont encore que le titre de candidats, les instruments nécessaires, aussi bien que la musique qui leur est indispensable, telle que méthode, morceaux de chant, etc. ; on leur facilite ainsi les moyens d'arriver à un but estimé si haut dans l'opinion générale.

Tout ce que le maître sait lui-même, il peut aisément l'enseigner à ses élèves. C'est ainsi qu'il n'est pas rare de rencontrer des écoles de campagne où des enfants exécutent à la satisfaction générale de petits chants, de petites cantates avec solos et avec chœurs, dans des fêtes scolaires ou religieuses.

De ce que nous venons de dire, il suit tout naturellement que , dans des écoles d'un ordre plus relevé, dans des pensionnats de garçons ou de demoiselles par exemple, le chant et l'art musical sont cultivés avec un soin encore bien plus grand , et qu'on y donne même à cet enseignement les développements les plus artistiques.

Dans les gymnases, le chant et le dessin sont pareillement placés sur la même ligne que les langues classiques, l'histoire et les mathématiques. L'art, avec ce système, marche d'un pas égal avec la science. Le savant , dont le sentiment artistique n'a pu prendre aucun développement, languit généralement isolé derrière d'épais in-folios rongés par les vers, tandis que le savant instruit en musique se sent attaché à la société par des liens indissolubles.

Dans les écoles militaires que chaque simple soldat est tenu de fréquenter pour y apprendre la lecture, l'écriture, le calcul, en même temps que les principes fondamentaux de l'art de la guerre, on enseigne encore les éléments du chant.

Aussi entend-on les soldats exécuter dans les rues, le soir devant leurs casernes , leurs chants à quatre voix d'hommes ; ils chantent par bataillons entiers en se rendant le matin à l'exercice et à la manœuvre. A leur retour, il n'y a pas de fatigue qui puisse les empêcher de chanter leurs chœurs à pleine voix, et de se procurer ainsi une utile et agréable récréation.

Mais rien ne peut égaler le moment solennel où plusieurs régiments se réunissent en plein air, et où, formant le rond autour de leur prédicateur militaire , ils réunissent leurs mille voix pour entonner un plain-chant. Cela nous rappelle le temps où un Gustave-Adolphe, entouré de ses Suédois, adressait matin et soir ses vœux à l'Eternel dans le chœur : *Personne, seigneur, ne peut me délivrer, si ce n'est toi.*

Qu'on visite dans la semaine les hospices des pauvres et des orphelins , soit garçons, soit filles ; leurs classes s'ouvrent et se terminent par des chants. Dans les églises que leur sont affectées, les enfants chantent avec une onction et une chaleur d'âme qui les transportent dans une sphère de béatitude où ils oublient le sort cruel qui menaçait leur existence.

C'est là, plus que dans tout autre lieu , qu'on voit combien le chant contribue à jeter de l'animation et du charme dans l'existence des enfants et des peuples, combien il exerce une heureuse influence sur les fêtes scolaires et nationales, combien enfin il s'accorde avec le bien-être des nations. Le chant fait vibrer, avec plus de force, des fibres de notre cœur et de notre esprit qui resteraient muettes à toute autre impulsion ; c'est lui qui donne cette chaleur intime , indispensable pour imprimer à la volonté cet essor, ce soutien, ce feu d'enthousiasme que ne sauraient procurer les seules ressources de la raison ; c'est lui qui affermit la résolution de l'élève, qui anoblit le but à ses yeux ; c'est donc lui qu'il faut reconnaître comme un des moyens les plus influents sur l'éducation de la jeunesse.

Dans le chant, la parole et le ton se prêtent un mutuel secours. Un mot chanté sera toujours plus tôt compris et plus vivement senti qu'un mot simplement parlé.

Aussi, à toutes les époques, l'histoire nous présente-t-elle des hommes qui, profondément pénétrés de l'influence de la musique sur le peuple, attribuèrent à cet art des effets merveilleux, et en firent usage pour accomplir des desseins élevés.

« Je voudrais bien, a dit un homme grave du xvie siècle, pouvoir louer dignement ce « magnifique présent de Dieu, le bel art de la musique, mais je trouve dans cet art de si « grands et de si nobles avantages que je ne sais par où commencer ou finir ce que j'au- « rais à dire à sa louange ; je ne sais de quelle manière ni dans quelle forme le faire en- « visager à tous les hommes pour le leur rendre plus clair et plus précieux.

« La musique est le baume le plus efficace pour calmer, pour réjouir et pour vivifier « le cœur de celui qui est triste, de celui qui souffre.

« La musique est un régulateur qui rend les hommes plus doux, plus bénévoles, plus « modestes et plus raisonnables.

« J'aimai toujours la musique. Quiconque est versé dans cet art ne peut manquer « d'être un homme d'une bonne trempe ; il est propre à tout. — *Il faut de toute rigueur* « *la conserver dans les écoles. Il faut qu'un maître d'école sache chanter ; sans cela,* « *je n'en fais nul cas.*

« La musique est un don sublime que nous a fait Dieu, et qui tient de très près à la « théologie. Je ne donnerais pas pour des trésors le peu que j'en sais. *Il faut habituer* « *la jeunesse à cet art, car il rend les hommes bons, fins et aptes à tout.*

« Le chant est le meilleur art et le meilleur exercice de tous. Il n'a rien de commun « avec le monde ; on ne le rencontre ni devant les juges, ni dans les controverses. Ceux « qui savent chanter ne se livrent ni aux chagrins ni à la tristesse. Ils sont gais et chassent « les soucis avec des chansons. »

MÉTHODE DE CHANT.

MÉTHODE DE CHANT.

§ 1. — DU TON.

Le *chant* est une branche de la musique.

La musique se compose de *tons*.

Tout ce que perçoit notre oreille ne constitue pas un ton.

Le ton est un son dont l'ouïe peut apprécier la hauteur.

Les tons forment donc la matière de la musique en général, et du chant en particulier.

Une série de tons constitue une phrase musicale, comme une série de mots constitue une phrase de la langue.

§ 2. — DES NOTES.

On emploie dans la musique, pour représenter les tons, des signes qu'on appelle *notes*.

Les notes sont des points ou des anneaux de cette forme :

On indique l'élévation ou l'abaissement des tons par la place que les notes occupent plus ou moins haut sur un cadre de cinq lignes horisontales qu'on nomme *portée*. Voici comment se trace une portée :

Ces cinq lignes se comptent de bas en haut, de telle sorte que la ligne inférieure prend le nom de première, etc., jusqu'à la supérieure qui devient ainsi la cinquième. Exemple :

La place des notes n'est pas seulement sur ces cinq lignes, elle est aussi dans les intervalles qui les séparent. Exemple :

Plus une note est placée bas sur la portée, plus bas est le ton qu'elle représente ; d'où il suit que le ton le plus élevé est représenté par la note qui est placée le plus haut sur la portée.

§ 3. — DES CLEFS.

Afin de pouvoir bien distinguer les différents tons représentés par les notes placées *sur* les lignes et *entre* les lignes, on donne à chacune de ces notes une dénomination spéciale : *ut, ré, mi, fa, sol, la, si, ut*.

Ces dénominations se suivent sur les portées dans un ordre ascendant qui est toujours le même. Chacune des notes comprises dans les lignes de la portée ci-dessus, aura une dénomination fixe aussitôt qu'on aura déterminé le nom de l'une d'entr'elles. Si la note la plus basse reçoit le nom d'*ut*, la note suivante doit s'appeler *ré*, la troisième *mi*, la quatrième *fa*, etc. ; il faut, par conséquent, mettre sur une ligne quelconque un signe qui indique le nom de la note qui se trouve sur cette ligne ; le nom de toutes les autres est ainsi déterminé.

On a plusieurs de ces signes qu'on nomme *clefs*, parce qu'ils nous ouvrent la connaissance de la position et de la dénomination des notes.

Il y a une clef de *sol*, une clef d'*ut* et une clef de *fa*.

La clef de *sol* est placée sur la seconde ligne, et a la forme suivante :

Cette clef indique que la note qui se trouve sur cette ligne, s'appelle toujours *sol*.

Une fois que l'élève sait que le ton *sol* est placé sur la seconde ligne, il doit trouver lui-même facilement l'ordre dans lequel se suivent les autres tons :

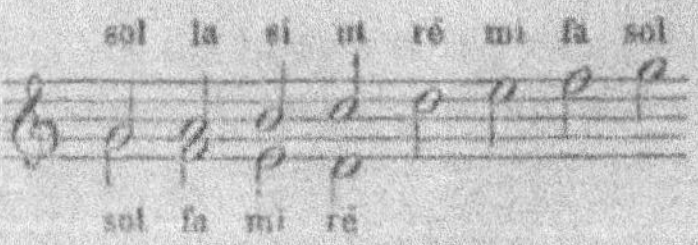

§ 4. — EXERCICES.

Pour ne pas effrayer l'élève en lui faisant apprendre trop de notes à la fois, nous commencerons par des exercices comprenant un petit nombre de notes ; en s'exerçant à les chanter, il apprendra en même temps à connaître les notes et à les appeler par leur nom.

Je n'ai pas besoin d'expliquer pourquoi je commence mes exercices avec les tons de *sol* et de *la*, et non pas comme on le fait ordinairement, avec le ton d'*ut*. Toutes les personnes qui ont eu occasion d'observer les voix des enfants savent qu'elles ont généralement peu d'étendue ; il y en a qui n'ont que deux, trois ou quatre tons, et ces tons-là se trouvent presque toujours dans la hauteur moyenne de *sol*, *la* et *si*. Il est donc de rigueur que l'enseignement du chant dans les écoles des enfants commence par la culture des sons que la nature a donnés à leur voix.

Peu à peu la voix des enfants prend une plus grande étendue dans le haut comme dans le bas ; elle peut s'enrichir d'un nouveau ton d'une semaine à l'autre. La nature nous enseigne donc elle-même la règle que nous avons à suivre, et nous ne saurions nous en écarter sans faire violence à la voix du jeune élève et sans mettre sa santé même en danger.

Les notes qui ont la même position sur la portée n'ont pas seulement le même nom, elles ont aussi la même hauteur de son.

Le ton représenté par la note qui est placée au-dessus de la ligne de *sol*, s'appelle *la*.

Cette note de *la* se trouve d'un degré plus élevée que *sol* sur la portée ; le ton de *la* n'est par conséquent plus le même que celui de *sol*, il est plus élevé d'un degré.

— 4 —

§ 5.

Au-dessus de *la* se trouve *si*.

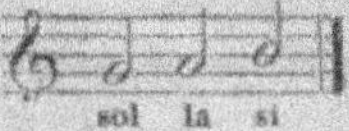

La note *si* se trouve plus élevée d'un degré que *la* sur la portée ; le ton de *si* est donc plus élevé que *la* d'un degré et plus élevé que *sol* de deux degrés.

§ 6.

Entre la première et la deuxième ligne, se trouve la note *fa* placée un degré plus bas que *sol* ; le ton de *fa* est alors plus bas d'un degré que celui de *sol*.

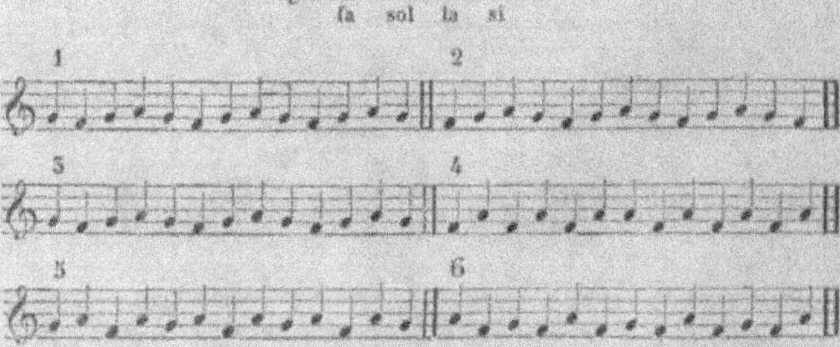

§ 7.

La distance de tous ces tons, savoir : de *fa* à *sol*, de *sol* à *la*, de *la* à *si*, est d'un degré ; chacun d'eux est donc d'un degré plus élevé ou plus bas que l'autre. Il suffit par conséquent de savoir de combien de degrés la position d'une note est plus élevée ou plus basse que celle d'une autre note sur la portée, pour savoir en même temps de combien de degrés est plus haut ou plus bas le ton qu'elle représente.

Mais la distance d'un ton à l'autre n'est pas toujours la même. La distance de *si* à *ut*, et celle de *mi* à *fa* sont moins grandes que celles de *fa* à *sol*, de *sol* à *la*, de *la* à *si*, etc.

On appelle *demi-ton* la distance de *mi* à *fa*, et celle de *si* à *ut* ; les autres sont appelées *tons entiers*.

L'élève comprendra aisément cette différence en faisant les exercices suivants :

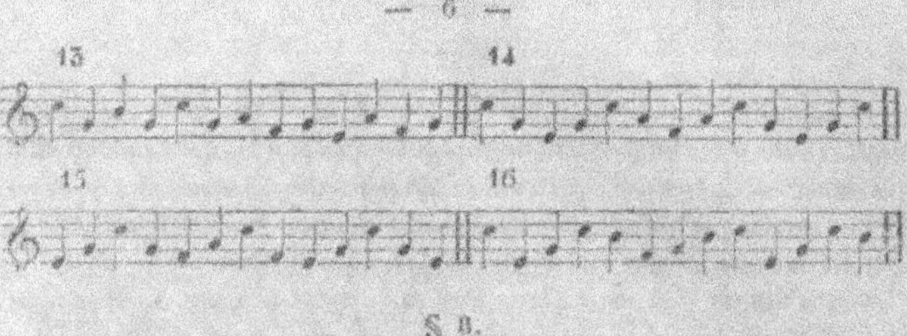

§ 8.

Ajoutons aux tons qui nous ont servi jusqu'à présent dans nos exercices, celui de *ré* qui est plus bas que *mi* d'un degré :

Il se trouve, comme on le voit, placé au-dessous des cinq lignes de la portée; il est distant de *mi* d'un ton entier; car il n'y a dans les sept tons *ré, mi, fa, sol, la, si, ut*, que celui de *mi* à *fa*, et celui de *si* à *ut*, qui soient distants seulement d'un demi-ton.

§ 9.

Le ton placé au-dessous de *ré* s'appelle *ut* ; on le note ainsi :

La distance de *ut* à *ré* est encore d'un ton entier.

§ 10 — EXERCICES A DEUX VOIX.

§ 11. — OCTAVES.

On appelle *octave* (huitième ton) la distance d'un ton à un autre ton du même nom, qui se trouve dans une position plus élevée ou dans une position plus basse.

Exemple : Dans la série de tons déjà représentée plus haut

nous voyons revenir après le septième degré, la dénomination du même ton que nous avons vu figurer le premier et le plus bas dans cette série.

De même que le ton *ut*, dans une position inférieure, est l'octave de *ut* dans une position plus élevée, de même l'un des tons *ré*, *mi*, *fa*, *sol*, *la*, *si*, dans une position inférieure, est l'octave du même ton dans une position plus élevée.

Ce n'est pas seulement la même dénomination qui revient au huitième degré ; c'est aussi le même ton avec cette différence qu'il est plus haut ou plus bas.

En faisant chanter par l'élève les tons *ut*, *ré*, *mi*, d'une octave supérieure, alternativement avec les mêmes tons d'une octave inférieure, il s'apercevra facilement de cette égalité des tons de même nom. Une fois bien éclairé là-dessus, il chantera avec facilité les exercices suivants, malgré la grande distance des notes.

§ 12. — EXERCICES.

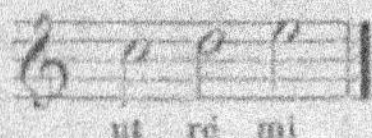

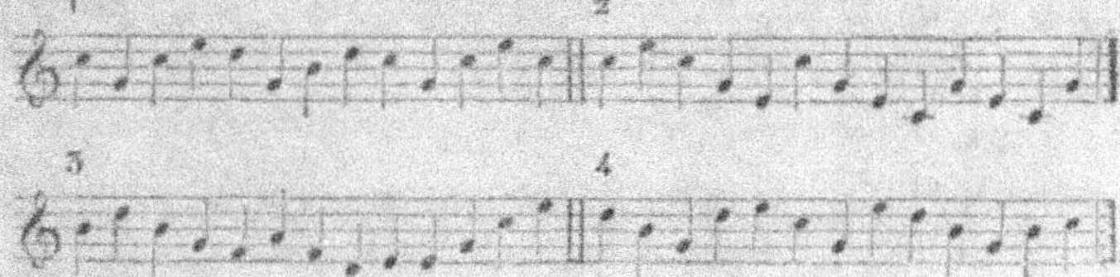

§ 13. — A DEUX VOIX.

Je n'étendrai point les exercices à des tons plus hauts ou plus bas, parce qu'il est rare que la voix des commençants puisse monter ou descendre davantage sans une grande dépense de forces. Les exercices précédents sont déjà trop élevés de deux tons pour beaucoup d'enfants, et nous conseillons au professeur de les employer avec ménagement. Ce n'est que peu à peu que la voix se développe ; ce qui dans le commencement où la voix a si peu d'étendue, semblait au-dessus de la portée d'un enfant, devient un jeu pour lui quelques semaines plus tard. Je fais donc paraître de temps à autre un ton plus élevé, tantôt *fa*, tantôt *sol* ; l'enfant déjà fortifié par quelques exercices, trouvera avec une égale facilité et le ton et le nom de cette nouvelle note.

§ 14. — DES DIÈSES ET DES BÉMOLS.

Nous avons vu, dans les paragraphes précédents, qu'il y a dans une octave cinq tons entiers et deux demi-tons.

On peut, entre les cinq tons entiers, intercaler d'autres tons également distants d'un demi-ton de la note inférieure et de la note supérieure.

Une octave se trouve donc ainsi contenir douze tons, dont sept seulement reçoivent une dénomination particulière ; *ut, ré, mi, fa, sol, la, si*. Les autres empruntent leur nom à ces tons qui sont appelés naturels ; on les appelle pour cela tons dérivés.

Au moyen des tons intercalés, toute l'octave se trouve divisée en demi-tons également distants l'un de l'autre.

Pour distinguer les notes dérivées des notes naturelles, on fait précéder ces dernières d'un signe.

Il y a trois de ces signes :

Le dièse (♯) qui hausse d'un demi-ton la note devant laquelle il est placé ;

Le bémol (♭) qui la baisse d'un demi-ton ;

Le bécarre (♮) qui rend de nouveau la note naturelle lorsqu'elle a été élevée par un ♯ ou baissée par un ♭.

Avec l'aide de ces signes, on peut écrire de deux manières la gamme divisée en demi-tons : 1° au moyen des dièses ; 2° au moyen des bémols.

§ 15. — EXERCICES.

Les barres qui se trouvent dans les exercices suivants ne servent que pour marquer le moment de repos, et pour mieux faire ressortir la différence des dièses et des bémols dans des phrases égales.

Au lieu de répéter le bémol devant chaque note, on peut le placer après la clef; le bémol d'une note quelconque, mis au commencement d'un morceau, indique que la note qui se trouve sur la ligne où est placé le bémol, doit se chanter bémolisée pendant toute la durée du morceau, à moins qu'un bécarre ne vienne la remettre dans son ton naturel.

La même observation est applicable aux dièses.

Les deux exercices précédents se chantent donc de la même manière quand on les écrit comme il suit :

Souvent aussi des tons naturels peuvent être changés par des dièses et des bémols en tons dérivés. Ainsi que l'on mette un dièse devant *si* ou devant *mi*; *si* n'est éloigné d'*ut*, *mi* n'est éloigné de *fa* que d'un demi-ton; en élevant par un dièse le *si* et le *mi*, le premier devient *ut* et le second *fa*; les tons naturels *ut* et *fa* apparaissent ici par conséquent comme tons dérivés.

Le même raisonnement suffira pour faire comprendre que *ut* bémol et *fa* bémol ne sont autres que *si* et *mi*.

On peut doubler le dièse et le bémol :

Un double dièze ♯♯ ou ✕ hausse encore d'un demi-ton la note diésée;

Un double bémol ♭♭ baisse encore d'un demi-ton la note bémolisée.

Ut avec un double dièse est donc plus haut d'un demi-ton que *ut* avec un seul dièse; il devient par conséquent égal à *ré*;

✕ *ré* est égal à *mi*; ✕ *fa* à *sol*; ✕ *sol* à *la*; ✕ *la* à *si*.

Il en est de même pour les doubles bémols;

Si avec un double bémol est plus bas d'un demi-ton que *si* avec un seul bémol; il devient égal à *la*;

♭♭ *la* est égal à *sol*; ♭♭ *sol* à *fa*; ♭♭ *mi* à *ré*; ♭♭ *ré* à *ut*.

§ 16. — DES LIGNES SUPPLÉMENTAIRES.

Afin de pouvoir distinguer tous les tons des différentes octaves, on emploie, dans la manière usitée d'écrire les notes, *les lignes supplémentaires*. On appelle ainsi de petites lignes placées dans le même ordre que les cinq lignes de la portée, et qui sont destinées à remplacer la portée aussitôt qu'il arrive des tons qui la dépassent soit en haut, soit en bas.

Les notes qui dépassent la portée se suivent dans le même ordre que celles qui sont dessus. On les place sur les lignes supplémentaires, ou dans les intervalles qui séparent ces lignes. Exemple :

Si l'on veut représenter par des notes des tons encore plus bas, alors la clef de *sol* ne suffit plus ; car il faudrait se servir d'un si grand nombre de lignes supplémentaires, qu'il deviendrait très difficile de distinguer les notes, ou au moins de les lire couramment.

Comme ces notes n'appartiennent qu'à des voix plus basses que des voix d'enfants, à des voix d'hommes enfin, nous ne pouvons nous en occuper ici.

§ 17. — DE LA DURÉE DES TONS.

Tous les tons d'un morceau de musique ne sont pas d'une égale durée ; cependant cette durée des tons est tellement déterminée qu'on peut indiquer avec précision de combien un ton est plus long ou plus court qu'un autre.

La durée des tons est désignée par la *forme* des notes, comme ci-après:

1° ○ une *entière* (ou *ronde*).

2° ♩ ou ♩ une *demie* (ou *blanche*).

3° ♩ ou ♩ un *quart* (ou *noire*).

4° ♪ ou ♪ un *huitième* (ou *croche*).

5° ♬ ou ♪ un *seizième* (ou *double-croche*).

6° ♬ ou ♪ un *trente-deuxième* (ou *triple-croche*).

Le nom seul de ces notes suffit pour faire comprendre leur durée.

La première, l'*entière* ou note de quatre quarts, est l'unité, et c'est sur elle que se mesure la valeur des autres ; ainsi la *demie* ou note de deux quarts est la moitié de l'entière et n'a que la moitié de sa durée ; le *quart* est la quatrième partie de l'entière et n'a qu'un quart de sa durée, etc.

Chacune des notes indiquées ci-dessus représente donc la moitié de celle qui la précède et le double de celle qui la suit. Ainsi un trente-deuxième n'est que la moitié d'un seizième ; le seizième a la durée de deux trente-deuxièmes ; le quart a celle de deux huitièmes.

Ceci sera rendu encore plus clair par le tableau suivant :

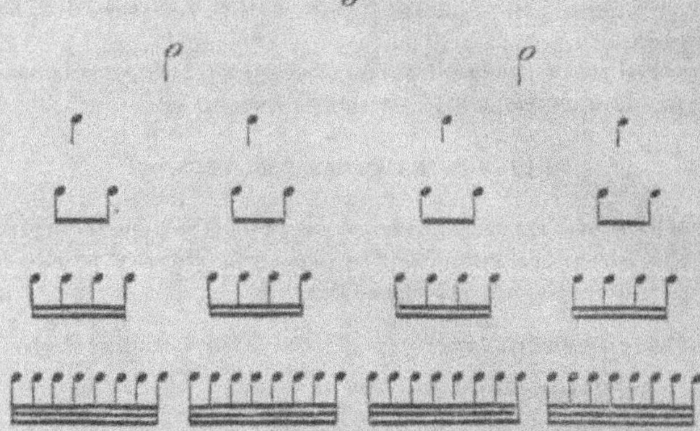

Avis. J'ai adopté ici la méthode allemande pour la dénomination des notes, relativement à leur durée, par ce seul motif que je la trouve plus rationnelle et par conséquent plus claire et plus facile. Au lieu de distinguer les notes par : *rondes, blanches, noires, croches, doubles-croches, triples-croches* (dernière dénomination qui est en outre arithmétiquement fausse), les Allemands se bornent à une seule dénomination : *l'entière;* toutes les autres ne sont que des subdivisions dont chaque enfant sait trouver le nom, nom significatif et qui explique en même temps la durée de la note. Ainsi, que l'on connaisse l'unité, et cela suffit pour connaître en même temps le nom et la durée de toutes les subdivisions possibles.

En déduisant les conséquences d'une pareille simplification, nous verrons encore bien mieux combien il est étonnant qu'on n'ait pas pensé jusqu'à présent à éloigner de l'étude musicale tout ce qu'on lui a joint de superflu, d'embrouillé, pour ne pas dire, de ridicule ; car que veulent dire des dénominations qui n'expliquent et ne déterminent rien. Que veulent dire ces mots : *rondes, blanches, noires, croches?* que veulent dire : *soupir, demi-soupir, quart de soupir, demi-quart de soupir* et *seizième de soupir?*

Suivant notre méthode, l'élève, aussitôt qu'il connaît le nom et la durée des notes, connaît en même temps le nom et la durée des pauses. N'est-il pas bien plus facile de comprendre qu'il y a autant de sortes de silences que de sortes de notes, et que ces silences portent les mêmes noms que les notes qui leur correspondent? qu'il y a par conséquent des pauses entières, des demi-pauses, des quarts, des huitièmes, des seizièmes, des trente-deuxièmes de pause.

Mais ce n'est pas à cela seulement que se borne l'influence de notre simplification. Elle est bien plus sensible encore lorsqu'il s'agit d'expliquer à l'élève la *mesure.* Quel rapport, par exemple, y a-t-il entre la mesure 2/2 et l'explication ordinaire : *mesure de deux blanches.* Comment peut-on faire comprendre 2/4 par deux noires, 2/8 par deux croches, 6/4 par six noires ?

N'a-t-on pas au contraire tout dit et tout expliqué par les mêmes chiffres, en employant notre méthode ? Ainsi :

> 2/2 est la mesure de deux demies,
>
> 2/4 — de deux quarts,
>
> 2/8 — de deux huitièmes,
>
> 6/4 — de six quarts, etc., etc.

Je suis assuré qu'il n'existe pas un seul enfant en France, pas un seul maître tel habitué qu'il soit à la méthode en usage, qui ne préfèrent les dénominations que j'ai adoptées, par rapport à la clarté et à la simplicité de l'enseignement.

Ne voulant pas cependant imposer tout d'abord mon opinion, j'ai mis les dénominations usitées en regard de celles que je propose.

§ 18. — EXERCICES.

Dans les exercices suivants, il ne s'agit que de la plus ou moins longue durée des notes ; il ne peut pas encore être question ici de la mesure proprement dite.

§ 19. — DES POINTS ET DES LIAISONS.

Dans le paragraphe précédent, nous avons appris à connaître la durée relative des tons. Mais on a dû remarquer que, dans la division que nous avons donnée de la durée des tons, il n'entre pas d'autres parties que des *entières*, des *demies*, des *quarts*, etc. ; qu'un *quart*, par exemple, était égal à deux *huitièmes*, à quatre *seizièmes*, etc. ; que, par conséquent, on trouvait bien des notes dont 2, 4, 8 ou 16 égalent un *quart* ; mais qu'on n'en trouvait point dont il fallût 3, 5, 6, 7 pour égaler un quart.

Afin de suppléer à cette lacune, on a adopté dans l'écriture musicale deux autres signes : le *point* et la *liaison* ⌣ ⌣.

Le point, placé après une note, la prolonge de la moitié de sa valeur. Une *entière*, suivie d'un point, est augmentée d'une *demie* ou de deux *quarts* ; une *demie*, suivie d'un point, est prolongée d'un *quart*, etc.

Une *entière*, suivie d'un point, est donc égale à trois *demies* ou six *quarts* ; une *demie*, suivie d'un point, égale trois *quarts*, etc. Par exemple :

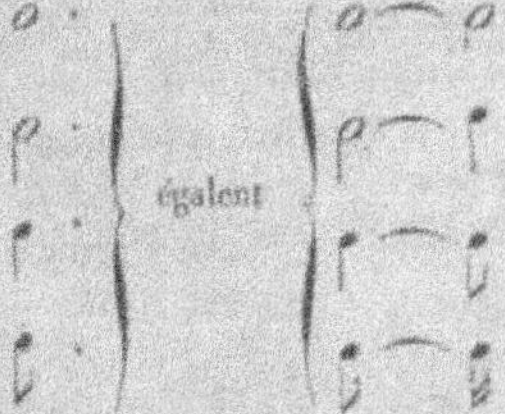

On trouve même souvent deux points après une note, dans ce cas, le second vaut la moitié du premier, de telle sorte que la note pointée est encore prolongée de la moitié de la valeur du premier point. Le premier, égalant la moitié de la note, le second est donc égal au quart. Ainsi une *demie*, suivie de deux points ♩.., est égale à trois *quarts* et un *huitième*, ou sept *huitièmes*. Un *quart*, suivi de deux points ♩.., est égal à trois *huitièmes* et un *seizième*, ou sept *seizièmes*.

Il n'est pas reçu d'ajouter plus de deux points à une note.

La *liaison* sert à prolonger une note ou plutôt à réunir deux notes en une seule. Lorsque deux notes du même degré se suivent et que l'on tire un arc de l'une à l'autre, elles ne forment plus qu'un seul ton ; on les lie l'une à l'autre en soutenant la voix sans interruption pendant tout le temps de leur durée. En un mot, la liaison confond deux notes en une seule qui vaut autant que les deux ensemble.

égale cinq *quarts* qui ne peuvent être représentés par une note pointée ; de même  égale cinq seizièmes.

On peut encore lier plusieurs notes ensemble. Exemple :

Le ton dure alors autant que les quatre notes ensemble, c'est-à-dire autant que quatre *demies* ou deux *entières*.

Les notes pointées peuvent également être liées ensemble. Exemple :

Le ton dure alors aussi long-temps que toutes les notes ensemble avec leurs points ; dans l'exemple ci-dessus, il a donc la valeur de douze *huitièmes*.

La *liaison* est donc un moyen de confondre plusieurs notes en une seule, d'ajouter enfin à chaque note autant de valeur que l'on veut ; le point n'a pas la même propriété.

Il faut bien distinguer la ligne courbe qui indique la liaison, d'une autre ligne courbe que l'on place sur plusieurs notes qui occupent des positions différentes, comme dans l'exemple suivant :

Ce signe indique, dans ce cas, que les notes doivent être liées l'une à l'autre, c'est-à-dire qu'on les chante avec le même son modifié selon la position qu'elles occupent dans la portée.

Un petit trait, placé au-dessus des notes, indique au contraire que chacune d'elles doit être chantée séparément et par saccades.

Il y a encore une autre ligne courbe usitée comme signe en musique ; c'est celle au-dessous de laquelle on place un point : ⌢ . Ce dernier signe est toujours mis sur une seule note et indique que cette note doit être prolongée plus long-temps que ne le comporte la durée qui lui est assignée. C'est du reste le seul signe qui suspende le mouvement de la mesure : on le nomme *point d'orgue*.

§ 20. — DES PAUSES

Les notes, comme nous avons dit plus haut, représentent les sons ; il y a également des signes pour le silence, c'est-à-dire qui indiquent combien de temps la voix doit s'arrêter.

On appelle ces signes, *signes de silence*, ou tout simplement *silences* ou *pauses*.

Il y a autant de sortes de silences qu'il y a de différentes formes de notes ; ainsi l'on compte des *pauses entières*, des *demi-pauses*, des *quarts de pause*, des *huitièmes de pause*, des *seizièmes de pause* et des *trente-deuxièmes de pause*.

La *pause entière* indique qu'il faut se taire aussi long-temps que dure une *note entière* ; la demi-pause indique un silence de la même valeur qu'une *demie*, etc.

Nous avons mis dans le tableau suivant les différentes espèces de silences en regard des notes auxquelles ils correspondent pour la durée.

	Pause entière . .	(ou *pause*)	dure autant que la note entière . . .	o
	Demie	(ou *demi-pause*) —	— que la demie	o
	Quart	(ou *soupir*)	— que le quart	
	Huitième	(ou *demi-soupir*) —	— que le huitième . . .	
	Seizième	(ou *quart de soupir*) —	— que le seizième . . .	
	Trente-deuxième	(ou *demi-quart de soupir*) —	que le trente-deuxième	

Un point mis après une pause a la même signification que celui après une note. Il l'allonge pareillement de la moitié de sa valeur ainsi : ⁊ · est égal à trois huitièmes et le silence qu'il représente dure aussi long-temps que trois huitièmes. ⁊ · est égal à trois seizièmes, etc.

§ 21. — DE LA MESURE.

Nous avons vu précédemment que les tons qui composent un morceau de musique, ou les notes qui les représentent, sont appréciés de la manière la plus sûre, sous le rapport de leur durée, si l'on donne à un seul de ces tons ou à une seule de ces notes une durée mesurée avec précision.

Que, par exemple, la première note d'un morceau soit une *demie*, et que je lui assigne pour durée une partie précise du temps, quatre secondes, rien de plus facile que d'apprécier le temps ou la durée de chacune des autres notes du même morceau; ainsi le temps d'un *quart* est naturellement égal à deux secondes; celui d'un *huitième* à une seconde ; enfin celui d'un *seizième* à une demi-seconde.

Il suffit donc de fixer la durée d'une note pour déterminer celle de toutes les notes d'un même morceau.

Un morceau de musique est ordinairement arrangé de telle manière que, depuis le commencement jusqu'à la fin, il est divisé en petites parties égales. C'est la manière dont se fait cette division qui donne aux morceaux une tenue, un mouvement, un caractère tout différent, selon que les parties sont plus ou moins longues.

Ces parties sont indiquées par des barres perpendiculaires ; ce qui se trouve entre deux barres s'appelle une *mesure* ; les barres elles-mêmes sont nommées *barres de mesure*.

Les mesures ne sont pas toujours égales ; leur longueur varie selon que les notes, qui remplissent l'espace enfermé entre deux barres, sont plus ou moins longues.

Outre que la division d'un morceau en parties égales le rend plus facile à lire et à exécuter, surtout lorsqu'il doit être exécuté par un grand nombre de voix d'hommes et d'instruments, elle produit encore un autre effet non moins important ; c'est par son moyen que nous observons un ordre dans lequel certaines notes doivent être accentuées et se faire sentir à l'oreille de préférence à d'autres notes.

Cette accentuation de certaines notes varie et revient plus ou moins vite, suivant que les mesures se composent de notes longues ou brèves.

Il y a donc dans la mesure deux choses indispensables : *la durée déterminée des sons* et *l'ordre de leur accentuation*. La première s'obtient par la forme des notes et la durée donnée à une d'entre elles ; la seconde, par la division du morceau en parties égales.

Considérant l'origine de la mesure, nous dirons qu'elle est *un arrangement des morceaux musicaux, au moyen du quel sont fixées la durée et l'accentuation des sons* ; et nous ajouterons, quant à l'effet qu'elle produit sur notre oreille, qu'elle est *une qualité des morceaux musicaux qui nous fait percevoir dans l'exécution, non-seulement la durée précise des différents sons, mais encore un ordre déterminé dans leur accentuation*.

§ 22. — DES TEMPS.

Nous venons de dire que les mesures d'un même morceau de musique doivent être égales ; il ne faut pas en conclure qu'une mesure doive avoir la même apparence ou être remplie de la même sorte de notes qu'une autre. Par égalité de mesures on ne comprend que leur durée égale. Pour y arriver, on adopte comme règle une sorte de notes d'après laquelle on mesure la durée de toutes les autres. Cette note s'appelle *partie de la mesure* ou *temps*.

Toutes les mesures d'un même morceau contiennent donc un nombre égal de temps. On prend ordinairement pour représenter un temps la *demie*, le *quart* ou le *huitième*.

On indique toujours au commencement de chaque morceau quelle sorte de note constitue un temps et de combien de temps se compose une mesure.

Les signes dont on se sert pour cette indication sont généralement des chiffres qu'on écrit en forme de fraction et que l'on place au commencement du morceau après la clef. Exemple :

Le chiffre inférieur indique l'espèce de note qui constitue un temps, et le chiffre supérieur combien il faut de ces notes pour constituer la mesure. Ainsi dans l'exemple ci-dessus, *un quart* forme un temps, et il en faut deux pour former la mesure.

Il en est de même pour les fractions $2/2$, $3/2$, $3/4$, $3/8$, etc.

La fraction $2/2$ indique que le temps se compose d'une *demie* et qu'il faut deux *demies* pour faire une mesure.

On peut aussi diviser les temps en notes d'une moindre durée; dans la mesure de deux *quarts* par exemple, on peut partager le *quart* qui forme ici un temps en deux *huitièmes* :

On peut également partager les *huitièmes* en *seizièmes*, etc.

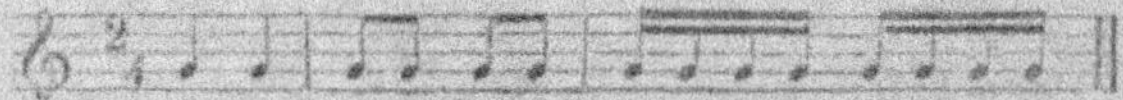

Il peut donc se trouver dans une mesure toutes sortes de notes possibles; seulement il est à observer que toutes les notes réunies ne doivent pas constituer plus de temps qu'il n'y en a d'indiqués au commencement du morceau.

Ainsi dans la mesure de 3/4, toutes les notes plus ou moins petites ne doivent pas dépasser la valeur de trois *quarts*; dans celle de 3/8 toutes les notes ne doivent pas dépasser la valeur de trois *huitièmes*, etc.

On peut, dans une mesure, employer aussi des notes plus longues que la durée des temps. Dans une mesure de 2/4 par exemple, il peut figurer des *demies*; une telle note remplit alors toute la mesure et vaut deux temps. Exemple :

On peut de même dans la mesure de 3/2 placer des *entières*; mais on conçoit aisément qu'une mesure ne saurait comporter des notes plus longues que la durée de tous les temps réunis.

§ 23. — DES MESURES PAIRES ET IMPAIRES.

Il y a deux différentes sortes de mesures; les unes ont deux, les autres trois temps; on les appelle en conséquence : *paires* et *impaires*.

La plus grande mesure paire est celle qui comprend deux *entières*: elle n'est employée que très rarement; pour l'indiquer, on se sert de l'un de ces signes : $\mathbb{C}$ ou $\mathbf{2}$.

Une seconde mesure paire, plus usitée que la précédente, est celle qui comprend deux *demies*. On se sert, pour l'indiquer, des mêmes signes que nous venons de faire connaître; on la désigne aussi de la manière suivante : 2/2.

On compte encore deux mesures paires : celle de 2/4 dont chaque temps a la valeur d'un *quart*,  et celle de 2/8 dont chaque temps a la valeur d'un *huitième* 

Les mesures impaires sont les suivantes :

3/2 ou la mesure de trois *demies*

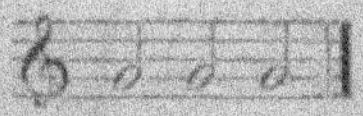

3/4 ou la mesure de trois *quarts*

3/8 ou la mesure de trois *huitièmes*

Si nous observons attentivement ces diverses espèces de mesures, nous découvrons que toutes les mesures paires ne sont au fond que la même chose sous différentes formes, car dans toutes il y a deux parties, dont la durée seulement est plus ou moins longue.

Cette remarque s'applique également aux mesures impaires, composées toutes de trois parties, qui ne diffèrent que par leur durée.

L'exécution est la même pour toutes, avec cette seule différence qu'elle exige une expression plus grave pour les notes d'une plus grande valeur, plus légère pour les autres.

§ 24. — DES MESURES COMPOSÉES.

Les mesures composées se forment par l'union de deux, trois, même quatre mesures simples; en ôtant, par exemple, dans un morceau de musique, la barre qui sépare deux mesures; alors elles n'en forment plus qu'une seule, qui a le double de longueur de la mesure simple.

Rien de plus facile que de doubler ainsi et de tripler des mesures simples; mais toutes les mesures qui en résulteraient ne sont pas également usitées.

On ne fait ordinairement de mesures composées qu'avec les mesures de 2/4, 3/4 et 3/8; encore ne sont-elles pas toutes employées; celles dont on se sert le plus souvent sont :

1° la mesure de		4/4	composée de	2	mesures de	2/4
2°	—	6/4	—	2	—	3/4
3°	—	9/4	—	3	—	3/4
4°	—	6/8	—	2	—	3/8
5°	—	9/8	—	3	—	3/8
6°	—	12/8	—	4	—	3/8

Il faut remarquer que, pour désigner la mesure de 4/4, on se sert aussi du signe **C**.

§ 23. — DE L'ACCENTUATION.

Nous avons dit dans le § 21 que la division d'un morceau de musique en mesures déterminait en même temps l'ordre de l'accentuation des notes. Nous trouvons en effet qu'il existe dans chaque sorte de mesure un temps auquel on donne plus d'importance, une expression, une accentuation enfin plus marquée qu'aux autres. Ce temps accentué reçoit le nom de *grave* par opposition aux autres qu'on nomme temps *légers*.

Un temps *grave* est toujours suivi d'un temps *léger*.

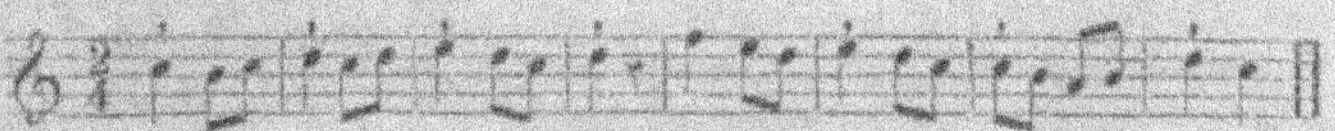

L'élève s'apercevra facilement, en chantant l'exemple ci-dessus, qu'on donne involontairement plus d'accent au premier temps qu'au second. La note accentuée est indiquée ici par un petit trait.

Dans la mesure à quatre temps qui se compose, comme nous le savons, de deux mesures à deux temps, il y a deux temps graves, le premier et le troisième; mais avec cette différence que le premier est le plus grave.

Il en est de même des mesures de 6/4 et de 6/8, où l'accent est plus grave sur la première moitié que sur la seconde.

Les mesures de 3/2, de 3/4 et de 3/8 n'ont qu'une seule note accentuée, la première, les deux autres sont légères.

La mesure de 9/8 se compose de trois mesures de 3/8 et par conséquent comporte trois fois l'accentuation; celle de 12/8, composée de quatre de 3/8, ne peut avoir moins de quatre accentuations, dont pourtant la première doit toujours être la plus grave.

Si le premier temps est dissout dans une sorte de notes d'une moindre durée, le quart, par exemple, en huitièmes, seizièmes, alors l'accentuation tombe sur la première de ces notes.

N. B. Le maître, afin de donner à ses élèves les idées les plus précises sur l'accentuation rhythmique, devra exécuter de petits airs sur un instrument ou en chantant, en ayant soin de bien marquer l'accent des temps graves. Par plusieurs exercices de cette nature l'élève distinguera bientôt, à la simple exécution, les différentes sortes de mesures.

§ 26. — DE LA MESURE A DEUX QUARTS.

La plus simple de toutes les mesures est celle qui se compose de deux temps ; nous commencerons nos exercices par la mesure de *deux quarts*.

Les chiffres 1 , 2 , indiquent les temps de la mesure.

Il faut remarquer que le premier temps de la mesure se trouve toujours après la barre , et le dernier toujours avant la barre.

N. B. Nous recommandons au maître de faire chanter les exercices suivants de plus en plus vite, de manière pourtant à ce que la pureté des sons n'en souffre pas ; il les fera chanter tantôt avec le nom des notes, tantôt avec la syllabe *la* ou *o* ; il exigera en même temps que la prononciation des syllabes se fasse clairement et distinctement.

Quant aux pauses, il est bon que l'élève les compte à haute voix, en disant *une*, *deux*, suivant la portée dont elles occupent la place, parce qu'ainsi la mesure se marque avec plus de précision.

Je crois en outre que rien n'est moins nécessaire que d'assujétir les enfants à battre la mesure avec la main ; c'est un usage qui ne sert qu'à accroître les difficultés de l'enseignement, surtout lorsqu'on a affaire à un certain nombre d'élèves ; car , pour corriger les fautes d'un seul, le maître se voit obligé d'arrêter toute la classe. D'ailleurs le sentiment de la mesure ne se développe que progressivement. Que l'élève apprenne à observer exactement la durée des notes , et à marquer avec précision les temps accentués, voilà le principal. L'enseignement n'est déjà que trop hérissé de difficultés, tâchons au moins d'en éloigner ce que l'usage y a introduit d'inutile.

Je connais à Paris des enfants auxquels on est parvenu à faire lire la musique, même celle de *fugues*, (je parle du genre de chant le plus difficile) presque à la première vue et avec la plus grande précision, sans qu'il se doutassent que le mouvement des mains pût avoir d'autre résultat que de les troubler.

Cela n'empêche pas qu'il ne soit utile que le maître marque lui-même, sinon la mesure, au moins les temps graves.

§ 27. — EXERCICES.

Ce qui manque au commencement d'un morceau pour compléter la valeur de la première mesure, se trouve à la fin de ce même morceau, en sorte que, lorsqu'on le répète, la fin se lie au commencement pour ne former avec lui qu'une seule mesure.

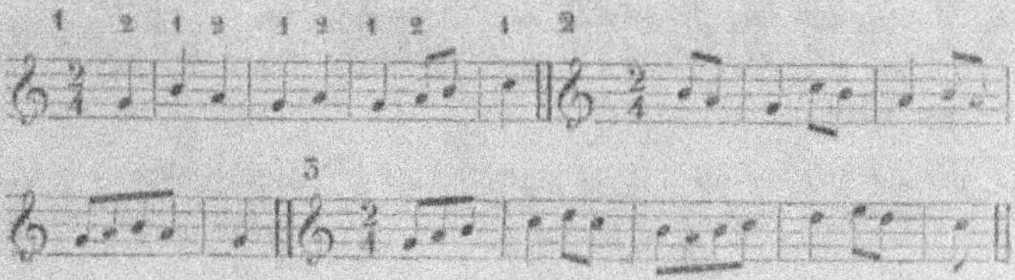

§ 28. — EXERCICES A DEUX DEMIES.

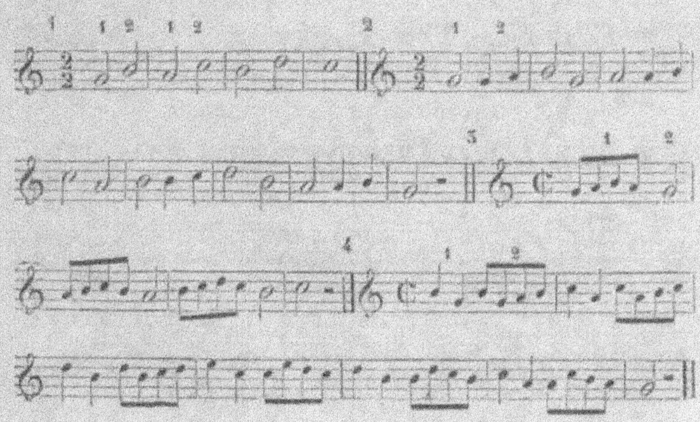

§ 29. — EXERCICES AVEC DES PAUSES.

§ 30. — A DEUX VOIX.

la
la
la
la
la
la
la
la
la
la
la
la
la
la
la
la
la
la
la
la
la
la
la
la
la

la
8
la - la. - la - la - la -
9
la - la - la - la
la - la - la - la
10
la
11
1re Voix.
la
2e Voix.
la

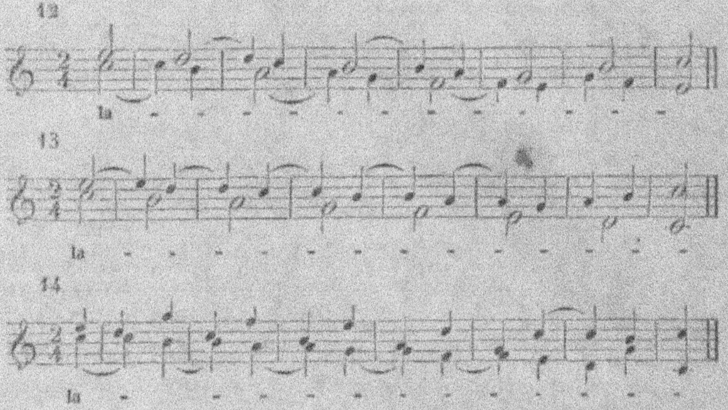

Avis. Il faut que les élèves chantent exactement leurs parties séparées, dans les exercices
à deux voix, avant qu'on les fasse chanter ensemble.

§ 51. — EXERCICES SUR LA MESURE A QUATRE TEMPS.

6
7
8
9
10
11
12

§ 52. — EXERCICES AVEC DES PAUSES.

§ 33. — EXERCICES A DEUX VOIX.

4
la - - - - la - - - - la - - - -
la - - - - la - - - - la - - -
5
la, - - la - - - la - - - la - -
6
la - - - la - - - - la - - - la - -
7
la - - - la - - - la - - - -
8
la - - - - - la - - - -
9
la - - - - - la - -
la - - - -

10
la - - la - - la
11
la - - la - la - la
la - la - la - la
12
la - - - - - - - - - -
la - - - - - - - - -
15
la - - - - - - - - -

14
la
la
15
la
la
16
la
la

17
la
la
la
48
la
19
la
la

§ 34. — EXERCICES SUR LA MESURE A TROIS DEMIES.

§ 35. — EXERCICES SUR LA MESURE A TROIS QUARTS.

47

§ 56 — EXERCICES SUR LA MESURE A TROIS HUITIÈMES.

§ 57. — EXERCICES AVEC DES PAUSES.

§ 38. — EXERCICES A DEUX VOIX.

7
8
9
10
la
la
la
la
la
la
la
la
la
la

11
la - - - - - - - - - - - - - - - la
- - - - - - - - - - - - - - -
12
la - - - - - - - - - - la -
13
la - - - - - - - - - la - - - -
- - - - - - - - - - - - - -
14
la - - - - - - - - - - - - - - -

15
16
la
17
la
18
la
la

19
la
la
20
la
la
21
la
22
la

§ 59. — EXERCICES SUR LA MESURE A SIX QUARTS.

§ 40 — EXERCICES SUR LA MESURE A SIX HUITIÈMES.

§ 41. — EXERCICES A DEUX VOIX.

5

§ 42. — EXERCICES SUR LA MESURE A NEUF HUITIÈMES.

1

§ 45. — EXERCICES SUR LA MESURE A DOUZE HUITIÈMES.

§ 44. — DU DÉPLACEMENT DE L'ACCENTUATION.

Si sur le temps grave, il tombe une note brève, et sur le temps léger une note longue, il arrive alors que le temps, qui est ordinairement léger, prédomine sur le temps grave par la valeur de sa note. L'accentuation paraît alors être transposée d'un temps à l'autre :

Le déplacement peut encore s'opérer au moyen des liaisons :

Ce déplacement de l'accentuation ne se trouve pas seulement d'un temps à l'autre, mais aussi d'une partie de temps à l'autre ; car nous savons, du paragraphe 25, que l'accentuation tombe toujours sur la première note, même quand cette note n'est qu'une partie du temps.

On trouve souvent plusieurs notes longues placées entre deux notes brèves, l'accentuation tombe alors sur chaque note longue, même quand le temps est léger, par exemple :

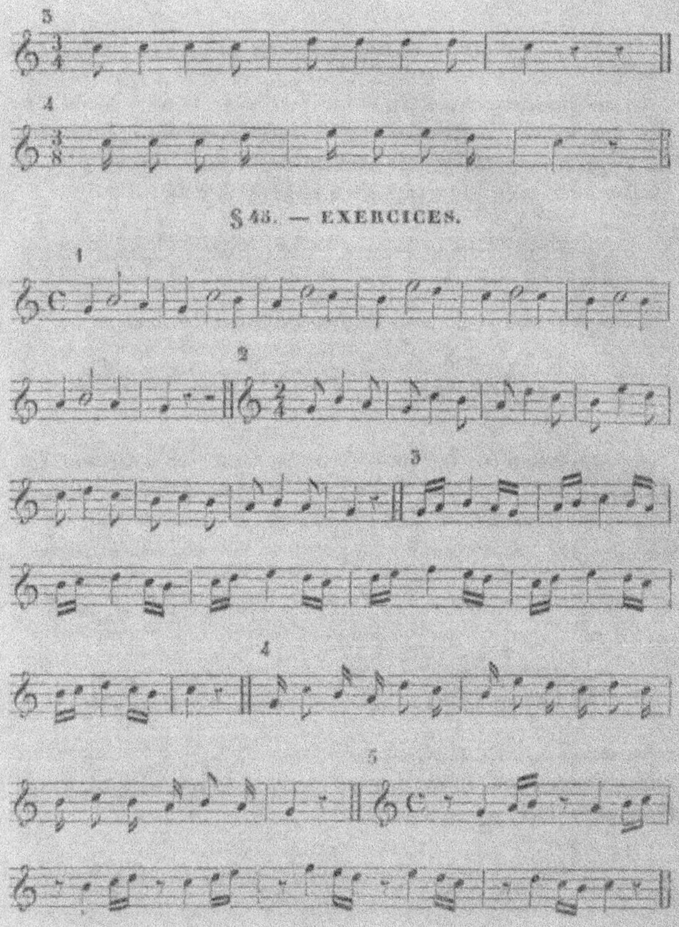
§ 43. — EXERCICES.

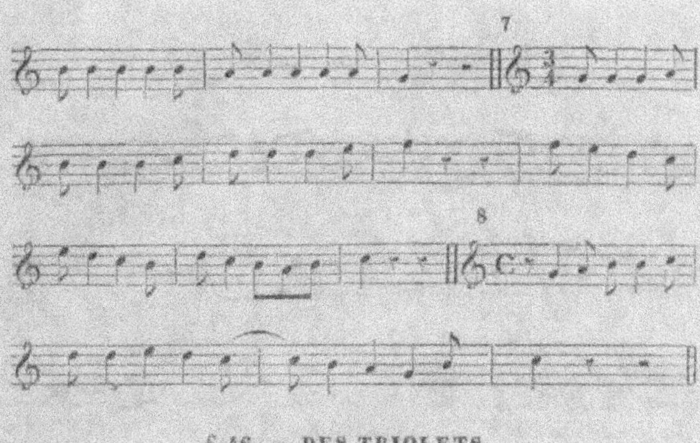

§ 46. — DES TRIOLETS.

Nous avons vu jusqu'à présent que chaque note pouvait être divisée en deux parties égales ayant ensemble une valeur égale à celle de la note même.

Mais il arrive encore que l'on divise une note en trois parties au lieu de deux ; et cette division constitue une nouvelle espèce de notes que l'on nomme *triolets* et qu'on distingue des autres en les surmontant du chiffre 3. Lorsqu'il y en a plusieurs de suite, on ne met le chiffre que sur le premier.

Ces triolets sont différents selon que les parties qui les composent sont des quarts, des huitièmes ou des seizièmes.

§ 47. — EXERCICES.

On réunit souvent deux triolets ensemble et on les désigne avec le chiffre 6.

§ 48. — DE L'UNION DU TON A LA PAROLE.

Le langage s'unit au ton, dès les premiers éléments du chant, par la dénomination même des notes *ut, ré, mi, fa*, etc.

La prononciation claire et précise de ces simples consonnances doit, dès les premières leçons, être l'objet de la plus grande attention de la part du maître.

Nous arrivons maintenant, après avoir donné les exercices indispensables, à enseigner comment on unit la parole au ton, une phrase de la langue à une phrase musicale.

Au lieu de nommer les notes, comme nous l'avons fait jusqu'à présent, en nous servant des syllabes *ut, ré, mi*, etc., on adapte aux sons désignés par les notes, des syllabes et des paroles.

Les paroles sont alors écrites au-dessous des notes. Exemple :

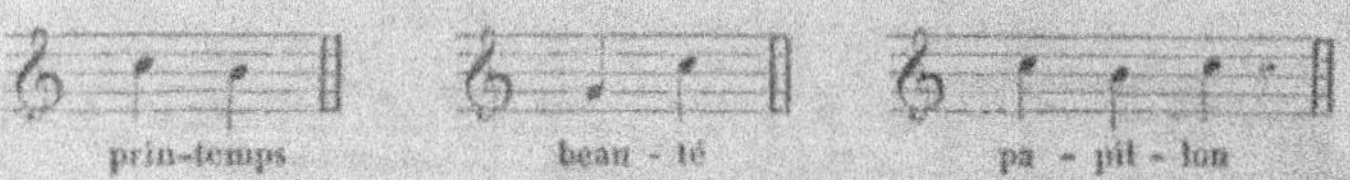

Dans ces exemples, il y a pour chaque syllabe une note spéciale.

Souvent aussi il se trouve pour une seule syllabe, deux, trois et même plusieurs notes. Exemple :

Lorsqu'il y a plusieurs notes pour une seule syllabe, et que ce sont des *huitièmes*, des *seizièmes*, etc., on les écrit ainsi. Exemple :

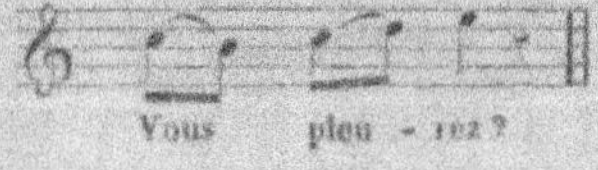

Il serait mal, dans ce cas, d'écrire les notes séparément :

Lorsque plusieurs *quarts*, *demies* ou *entières* ne concernent qu'une seule syllabe, on les unit au moyen d'une liaison ⁀ . Exemple :

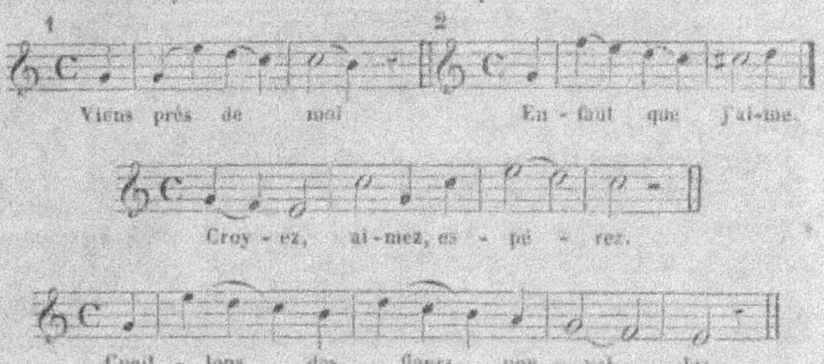

Cette liaison s'étend même sur plusieurs mesures :

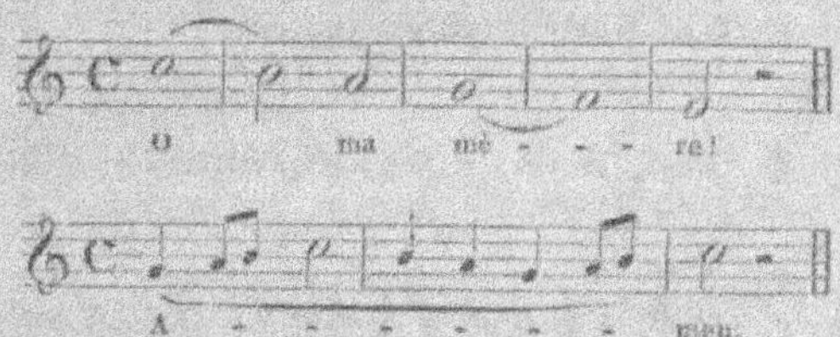

Souvent, quand la phrase musicale est trop longue, on l'écrit de la manière suivante :

Chaque note au contraire doit être séparée quand elle s'applique seule à une syllabe.

Le maître fera bien de faire chanter les exercices suivants, d'abord avec la dénomination des notes, puis avec la syllabe *la* ou *a*, enfin avec les paroles.

§ 49. — EXERCICES.

4
Pas un - e voix qui me ré - pon - de.
Pas un - e voix qui me ré - pon - de.
5
Fais ce que dois; ad - vien-ne que pour - ra.
6
La nuit est dou - ce À l'oi-seau dans son lit de mous - se.
7
Quand le vent sif - fle dans les bois, Les ros-si - gnols n'ont plus de voix.
8
La plus bel-le vic - toi - re Est de vain-cre son cœur.
9
Aux bords si - len - ci - eux des mers.
10
Mon - tons sur la bar - que lé - gè - re. Mon-
tons sur la bar - que lé - gè - re.

11
So - leil mys-té-ri - eux, flam-beau d'un au - tre mon-de! Soleil mys-té - ri - eux, flam-beau d'un au-tre mon - de!
12
Ce - lui qui met un frein à la fu - reur des
flots, Sait aus - si des mé-chants ar - rê - ter les com - plots.
13
La nuit vient len - te - ment, je - tant sur la val-
té - e, Du le - vant au cou-chant son é - char-pe é - toi - lé - e.
14
Le so - leil pen-dant qu'il dé - cli - ne, Sur l'ho - ri - son, E-
tend l'om-bre de la col - li - ne Dans le val - lon, Dans le val - lon.
15
L'a - gi - le pa - pil - lon, de son ai - le bril - lan-te, Ca-

res - se   cha - que fleur, bu - ti - ne cha - que plan - te.
16
Pour for - mer un bou - quet de fleurs Sa-
chons mé-lan-ger les cou - leurs.   Sa-chons mé-lan-ger les cou - leurs.
17
La nuit est som - bre, La lu - ne, der - riè - re les
tours,   Se lè - ve et des - si - ne dans l'om - bre Leurs
noirs con - tours. Leurs noirs con - tours.
18
L'É-ter - nel veil-le sur les fleurs Dont il em-bel-lit la na-
tu - re; Il a pris soin de leur pa - ru - re, De leurs par-
fums, de leurs cou - leurs. De leurs par - fums, de leurs cou - leurs.

19
Peu sou - ci - eu - se de l'o - ra - ge, La nef s'é-
loi - gne du ri - va - ge; Sur l'O - cé - an de
l'a - ve - nir, Sa - chons na - vi - guer sans fré-
mir. Sa - chons na - vi - guer sans fré - mir.
20
Ro - se, ver - meil - le, L'en - fant som - meil - le,
Comme il est beau! Calme et con - ten - te, Sa mé - re
chan - te Sur son ber - ceau. Sur son ber - ceau.
21
Le che - val, hors d'ha - lei - ne, Court com-me le vent dans la
plai - ne. Court com - me le vent dans la plai - ne.

Prière avant la Classe.

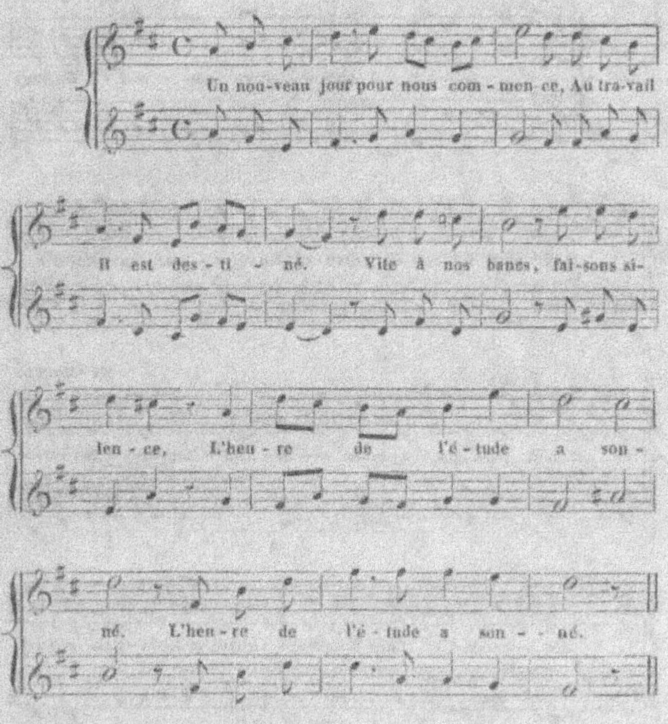

2.

Dieu tout-puissant, sois notre guide;
C'est toi qui conduis au bonheur;
Daigne couvrir de ton égide
Nos corps, notre esprit, notre cœur.

Prière après la Classe.

2.

Mais sans soutien, point de progrès
Dans le chemin de la science;
Au maître, auteur de nos succès,
Respect, amour, reconnaissance ! } bis.

Le Printemps.

2.

Le fleuve n'a plus de glaçons
Qui heurtent le rivage ;
L'herbe grandit et les buissons
Se couvrent de feuillage.

3.

Un soleil pur et radieux
Brille au ciel sans nuage,
Et des forêts l'hôte joyeux
A repris son ramage.

4.

Saison du plaisir, du bonheur,
Tableau de notre enfance,
Que j'aime la verte couleur,
Symbole d'espérance.

L'Été.

2.
Déjà la terre s'est couverte
D'autres couleurs;
L'épi succède à l'herbe verte,
Les fruits aux fleurs.

3.
Dans sa grange, avec jouissance,
Le moissonneur
Va contempler la récompense
De son labeur.

4.
Celui qui d'une ardeur suivie
Travaillera,
Quand viendra l'été de sa vie,
Récoltera.

L'Automne.

2.

L'été s'enfuit et la nature
Perd l'éclat dont elle a brillé ;
Les arbres n'ont plus de verdure,
Chaque buisson est dépouillé.

3.

Le jour est court, la nuit brumeuse,
L'herbe roidit sous le frimas,
Et l'hirondelle voyageuse
A volé vers d'autres climats.

4.

Moment de deuil et de veuvage...
C'est ainsi que l'on voit finir
Le bonheur réel du bel âge ;
Il n'en reste qu'un souvenir!

L'Hiver.

<table>
<tr><td>

2.

Les jours sont courts, le ciel est sombre;
On dirait, fuyant la clarté,
Que la nature veut, dans l'ombre,
Cacher sa triste nudité. *(bis)*

</td><td>

3.

Petits oiseaux, pour vous repaître,
En vain vous cherchez quelque grain;
Accourez tous sur ma fenêtre,
Petits oiseaux, voici du pain. *(bis)*

</td></tr>
</table>

4

Hélas! dans ce temps de détresse,
Que de malheureux vont souffrir!
Le sort nous donne la richesse,
Hâtons-nous de les secourir. *(bis)*

Ran, plan, plan.

2.

Voyez les drapeaux
Qui se balancent;
Sur leurs beaux chevaux
Les chefs s'élancent.
Ran, plan, plan, etc.

3.

Pars, toi, cavalier,
Pars, ventre à terre;
Marche, fusilier,
Au pas de guerre.
Ran, plan, plan, etc.

4.

Tombez, mes amis,
Comme la foudre
Sur les ennemis
Réduits en poudre.
Ran, plan, plan, etc.

5.

Puis vous reviendrez
Couverts de gloire,
Vous raconterez
Votre victoire.
Ran, plan, plan, etc.

6.

Nous vous fêterons;
Libres d'entraves,
Nous vous donnerons
La croix des braves.
Ran, plan, plan, etc.

7. *Plus lent.*

Et les morts auront
Aussi leur gloire,
Les tambours battront
A leur mémoire.
Ran, plan, plan, etc.

Le Papillon.

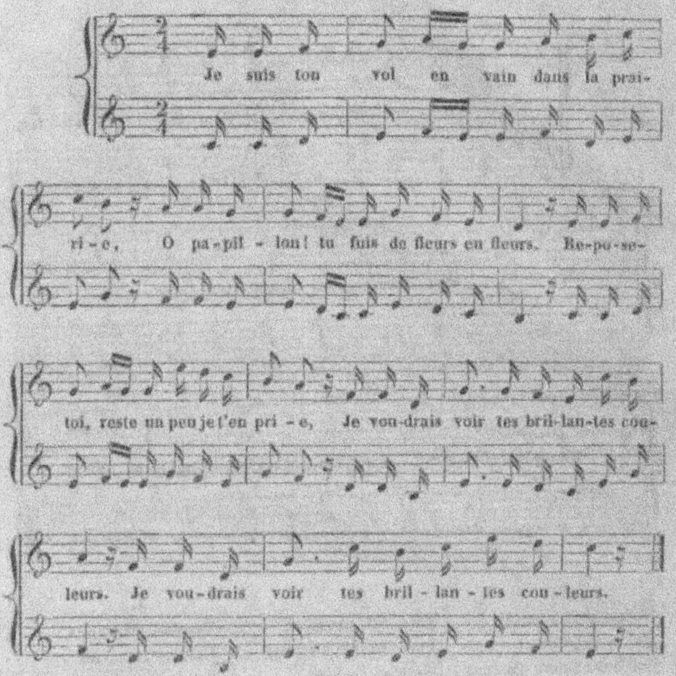

2.

Ah! tu parais prendre en pitié ma peine,
Tu t'es posé sur ce beau soleil d'or!
A pas de loup, retenant mon haleine,
J'approche... hélas! tu m'échappes encor. (bis)

3.

Plaisir et toi serait-ce même chose?
Appât trompeur, comme toi, le plaisir
Coquettement devant l'homme se pose,
Et toujours fuit quand on croit le saisir. (bis)

Le Berger.

2.
A sa voix, tout le troupeau
Sort de la bergerie ;
Pierre par un chant nouveau
Le guide à la prairie.
Toui, etc.

3.
L'agneau, près de la brebis,
Gaîment broute l'herbette ;
Pierre, sous un hêtre assis,
Sur sa flûte répète :
Toui, etc.

4.
Quand l'ombre, chassant le jour,
Couvre le pâturage,
Le berger de son retour
Avertit le village.
Toui, etc.

Les Adieux de l'Hirondelle.

2.

Pays que j'aime, ah! ne va pas
Croire à mon inconstance!
Mais dès que tu revêtiras
La couleur d'espérance,
Je reviendrai sous ton climat moins froid,
Te demander même nid, même toit. (bis)

La Fête de ma Mère.

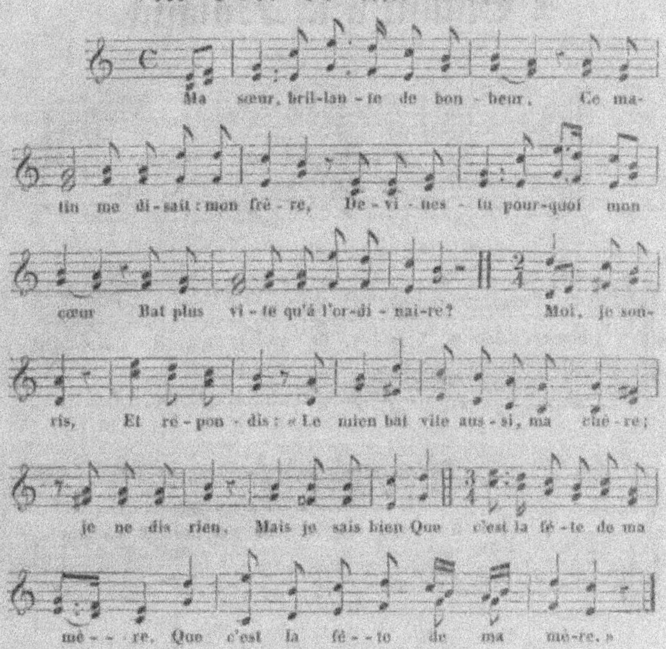

2.

Mon frère me dit à son tour:
« Mais comment célébrer sa fête?
« Pour lui prouver tout notre amour,
« Qui nous servira d'interprète? »
　　　Moi, je souris,
　　　Et répondis :
« L'aimer, c'est assez pour lui plaire,
　　« Va, ne crains rien,
　　« Tout ira bien,
« Comptons sur le cœur de ma mère... » (bis)

L'Enfant à la Fontaine.

2.

Hélas! il cède, l'imprudent,
Au charme qui l'attire;
Il croit que c'est un autre enfant
Qui lui rend son sourire.

3.

Que par un doux embrassement
Notre amitié commence!
Il dit, se penche, et follement
Le voilà qui s'élance.

4.

L'image soudain disparaît . . . .
Dans la fontaine il tombe . . . .
D'on faux plaisir ainsi l'attrait
Souvent cache une tombe.

La Bulle de Savon.

<table>
<tr><td>

2

D'un vol rapide
L'orgueil te guide...
Orgueil de roi!
Bulle chétive,
La brise arrive,
Prends garde à toi! (bis)

</td><td>

3

De ta peinture,
De ta dorure,
Qu'est-il reste?
Comme toi fière,
Mais éphémère
Est la beauté. (bis)

</td></tr>
</table>

Le Mousse.

J'ai - me la mer é - cu - man - te, Je
brave en ri-ant les flots, Et du haut des mâts je
chan - te: Ho - ho! Bon quart ma - te -
Ho - ho!
lots! Ho - ho! Bon quart ma-te - - - lots!
Ho - ho!
fin.

2.

A grandir je serai leste,
Être mousse est si fatal!
J'ai peut-être sous ma veste
Les étoiles d'amiral.
J'aime la mer écumante, etc.

Le petit Mendiant.

2

O bonne mère! (bis)
Ton enfant, quand il grandira,
Ne tendra plus la main, j'espère;
Par son travail il soutiendra
Sa bonne mère. (bis)

3

C'est pour ma mère (bis)
Qui, chaque jour, pour vous prira…
Secourez-la sur cette terre,
Dans le ciel, Dieu vous le rendra…
C'est pour ma mère! (bis)